The Happiness Plan

Simple Steps to a Happier Life

幸福力レッスン

カーメル・マッコーネル

Carmel McConnell

桑野和代［訳］

Kazuyo Kuwano

ハート出版

幸福力レッスン

THE HAPPINESS PLAN
SIMPLE STEPS TO A HAPPIER LIFE
by Carmel McConnell

This translation of THE HAPPINESS PLAN SIMPLE STEPS TO A HAPPIER LIFE 01 Edition is published by arrangement with Pearson Education Limited through Tuttle-Mori Agency, Inc., Tokyo

もくじ

エクササイズ

最初の質問：あなたが最も幸せなのは、どんなとき？

目を閉じて考えてみてください。そして、心に浮かんできたことをここにメモしてください。

「私が最も幸せなのは……」（「……」に入る言葉を左の記入欄に書き込んでください）

まだ実際に書くのがためらわれるなら、心にとどめておくだけでもかまいません。

これから、あなたが少しずつ幸せを大きくしていく方法をご紹介していきたいと思います。

幸福は、
意識的に追求することによって
実現するものではない。
他の活動の副産物として
手に入ることが多い。

——オルダス・ハクスリー（英国の作家）

Step 00
はじめに

もっと幸せになりたいと思いませんか？

「もっと幸せになりたい！」そう思っている人は、ぜひこの本を読んでください。あなたが、自分の力でもっと幸せになる。それをお手伝いするのがこの本の役割です。本書で言う幸せは、あなたが自分で見つけ、自分の心で感じるものです。「あなたの幸せは、こうだ」とか、「あなたは、こういう人生を送るべきだ」などと、命令することはありません（おそらく私と同じように、あなたもかなり、こういった干渉を受けてきたことでしょう）。

幸せというのは、実に個人的なものです。誰にでも合う「フリーサイズ」の幸せなど、ありません。ですから、本書でご紹介しているのは、これをすればどんな人でも幸せになれるという、一つの決まった方法ではありません。そんなものは存在しないのです。

私たちに必要なのは、融通のきく、柔軟なプランです。今のあなたが、もっと幸せなあなたになるにはどうしたらいいか、その方向性を示すプラン。これが本書の中身です。

物事がいつもうまくいく人たちがいます。彼らは、たまにうまくいかないときも、適切にそれに対処することができるのです。こういう人は、他の人とどこが違うのでしょう？

彼らは、次のような基本原理を知っているのです。

1　幸せは、何かをするのに忙しくしているときに訪れる

- 幸せは、あなたが幸せになるという決意をしたときに訪れる。
- 幸せは、あなたが「本当のあなた」として生きているときに訪れる。
- 幸せは、あなたに選択の自由（たとえば、自分の限界を知り、それ以上のことを求められたときに「ノー」と言うことを選ぶ自由）があるときに訪れる。
- 幸せは、あなたが行動を起こしたときに訪れる。
- 幸せは、あなたが愛を大切にするときに訪れる。

今はまだ分かりにくいかもしれませんが、各章でこの内容を分かりやすく説明し、あなたが今よりも幸せになる方法を見つけられるようにしています。人生を他人まかせにせず、自分でコントロールすることが、幸せへの大きな一歩です。これは、決して難しいことではありません。

2　幸せをゴールそのものとして目指すことは的はずれ

「今、私にとって重要なのは、もっと幸せになることです」と言う人がいます。でもこれは、「休みの日には、日焼けをしに出かけるんです」と言っているようなものです。休日には海水浴をしに行くほうがいいと思いませんか？　ビーチで遊ぶ、昼寝をする、おいしい物を食べる、笑う、おもしろい場所を訪ね歩く……、こういった他のことに夢中になっていれば、知らないうちに日焼けをしているものです。幸せも同じです。自分がしたいと思うことをしていれば、幸せはおのずとやって来るのです。

3　幸せは心からわき出る

あなたはどんな人ですか？　不まじめでユニークで魅力的な、欠点のある人間。それがあなたです。あなたは、プログラムされたロボットではありません。だからこそ、あなたが心を開けば、もっと幸せになれるはずなのです。誰かが作った公式に自分を当てはめようと、もがき苦しむ必要はありません。

4　幸せはやってきては去っていくもの

幸せは、はかないものです。「幸せ」という木のてっぺんに居座ろうとするのは、いい考えではありません。たまにはそこから降りてきてもいいのです。全般的に見て、「もっと幸せな私」になれればいいのです。

5　幸せは一つの感情です

ですから、もっと大きな幸せにたどり着く道を探そうとしても、それはできません。ただ、他人を幸せにし、それによって自分も幸せになるという心がまえがあれば、幸せという感情を長続きさせることができます。

6　幸せは自動的に手に入るものではない

多くの人が信じている「人生の公式」は、あまりうまく機能していないようです。いい仕事を見つけ、他人よりも多くの物を所有すれば、当然幸せになれるという公式です。それなのに、なぜ思ったように幸せになれないのでしょう？　なぜこれまでよりも不幸なのでしょう？　人生には楽しいことがたくさんあるのに。もっと幸せになることを考えるのも大事ですが、今ここにある〈幸せのもと〉を楽しむことも大事です。〈幸せのもと〉とは、「私はこれをしていれば幸せだ」というもののことです。今ある〈幸せのもと〉を楽しむ方法を見つけてください。

7　幸せは答えではない！

「あらゆる問題への答え」、「私たちが抱えるさまざまな問題を一気に解決する秘密」、「魔法の杖《つえ》」。幸せは、こんなふうに表現され、問題解決の特効薬のように押し売りされています。確かにこういうものがあれば、都合がいいですよね？　でも、私に言わせれば、幸せは魔法でも何でもありません。小さな幸せは、毎日感じることができますし、そういう小さな幸せが、少しずつ私たちを前進させ、より幸せな将来へと導いてくれるのです。私があなたに提案するのは、こういう方法です。

この本は、こういう本ではありません

この本が目指していることは、並み居るライフスタイルの指導者たちが言う成功とはまったく異なります。本、テレビ、ラジオなど、彼らはいたるところに現れ、どう生きればいいかを私たちに説きます。何を着るべきか、何を食べるべきか、どこに住むべきか、どのくらい運動すべきか、どのように時間を使うべきか――。

私たちに生き方を説く専門家には事欠きません。彼らの考える「勝ち組の現代人」になれと言うのです。彼らが言っていることが間違いだというわけではありません。ただ、私には、こういう専門家たちは、指導者というよりも独裁者に見えるのです。

あなたをがっかりさせてしまったかもしれません。でも、誰もが幸せになれる、たった一つの道などというものはありません。あなたならではの状況に当てはまる、あなたの道があるだけです。だから私は、あなたにどういう生き方をしろとあえて言うことはしません。その代わり、あなたがもっと幸せになる可能性を開く、ヒントやアイデアをたくさん用意しています。

本書は、幸せの本質を哲学的に探るものではありません。なぜ私たちは祖父母の代ほど幸せでないのかを細かく考察する本でもありません。また、物をたくさん買うことによって幸せになれないのはなぜかについて、徹底分析する本でもありません。

この本の中には、もったいぶった話はあまり出てきません。私の個人的な体験からくる、意味深い提案が並んでいるだけです。でも、この提案は、あなたの意思と組み合わされれば、あなたをもっと幸せにする力を持っています。

この本は、こういう本です

私はこれまで、著書やセミナーなどを通じて、皆さんが次のようなものを見つけるお手伝いをしてきました。

- 人生の目的と成功を手に入れる方法
- より良い人間関係を築く方法（職場でも家庭でも）
- 変化のない生活を抜け出して、行動を起こす方法
- 幸せな人生を送るために、適正な収入を得る方法

そこでご紹介したアイデアは、私自身、そして何千人もの人々の役に立ってきました。

本書でご紹介する**〈しあわせプラン〉**というのは、一人ひとりの行動計画のことです。あなたがそれを信じ、それに従って努力すれば、あなたが変わるのを助けてくれることでしょう。

また、この本は、こういう人のための本です。

- 自分の人生は、どこかがうまくいっていないと思っている人
- やる気がわいてこない、何をしても楽しめないという人
- 変わりたいと思っているけれど、どう変わったらいいのか分からない人

本書の構成

この本には、以下の章《ステップ》があります。

ステップ01　もっと幸せになると決意する
ステップ02　幸せとは何かを理解する
ステップ03　自分だけの〈しあわせプラン〉を作る
ステップ04　幸せの習慣を身につける
ステップ05　自分も他人も幸せにする
ステップ06　〈しあわせプラン〉実例集
ステップ07　あなたの計画《プラン》を実行《アクション》に移す

それぞれの章で、今すぐ幸せになる方法をご紹介しています。それに加えて、さまざまなアドバイスやエクササイズ、クイズがあります。どれも、今あなたに起こっていることを、正しく理解するのに役立つのものです。

ところで、「ステップ05」のタイトルが「自分も他人も」幸せにする、であることに気づかれましたか？　あなたの〈しあわせプラン〉が、他人の幸せと関係しているのはなぜでしょう？

それは、あなたのニーズだけに基づく〈しあわせプラン〉では、不充分だからです。私たち人間は、社会的な生き物です。ですから、私たちの幸せは、他人の幸せと密接不可分につながっているのです。

ところが、個人個人が大事だと教えられてきた私たちには、周りの人たちとの共同体意識がほとんどありません。これが問題だと私は思っています。幸せを長続きさせるには、家族、職場、地域社会とのつながりや、共通の目的を意識する必要があるのです。〈しあわせプラン〉は、あなたがすでに持っている幸せを充分に味わうことから始まります。それから、もっと幸せを感じられるようになるテクニックに移ります。

私の願いは、あなたにとって本当に幸せな人生とはどんな人生なのか、あなたが考える手助けをすることです。

あなたの人間関係、仕事とのつながり、住んでいる場所への帰属感、人生の幸せとは何かについて、この機会にじっくりと考えてみ

人は、自分が決めた分だけ幸せになれる。

――エイブラハム・リンカーン（米国の第16代大統領）

てください。

「もっと幸せになる！」という、あなたの気持ちを後押しするのが、この本の目的なのです。

プランってどんなもの？

〈しあわせプラン〉とは、あなたの人生をもっと幸せなものにするための手順です。ここで言うプランとは、「幸せになる」という決意を具体的に表したものです。あなたが幸せになるためには何をすればいいか考えること、そのためにする必要があることをリストアップすることから成り立っています。

あなたには、幸せな人生を自力で設計していただきたいのです。自分に問いかけること、新しいアイデアを受け入れること、この本に書いてあることを実践してみることによって、ぜひ自分なりの人生設計をしてみてください。幸せになる方法を学ぶのに、締切日はありません。いつまでにしなければならないということではないのです。長い人生には、選択を迫られる場面や、自分を変えなければならない場面が数多く訪れます。そういった場面で、選択や変化の根拠となるのが「幸せ」です。つまり、どちらを選んだら私は幸せになれるのか、どう変化したら私は幸せになれるのか、ということを常に意識することが大切なのです。

幸せになる義務ほど
軽んじられている義務はない。

――ロバート・ルイス・スティーブンソン（英国の作家）

Step 01
もっと幸せになると決意する

人生は、より良い方向へと自然に変化していくものです。あなたがそのペースを決め、内容を決めるのです。

幸せになることは、そんなに大変なことではありません。定年退職するまで、あるいはお金持ちになるまで手に入らないというものではないのです。つまり、ある一定の限られた状況においてのみ起こることではありません。幸せは、私たちが吸っている空気と同じくらい手に入れやすく、日常的なものなのです。無理をする必要などまったくありません。

どうです？　あなたにもできそうでしょう？

今の自分を知るために、自分にいくつか質問してみましょう。〈しあわせプラン〉の中の大事なプロセスは、**〈ＡＢＣアプローチ〉**です。それは、次の三つの質問から成り立っています。

A：予定でいっぱいの日常生活の中に、自分の幸せのための余地を作れるか？〈ALLOW〉
B：自分（そして他人）が幸せになれることを、やり始めることができるか？〈BEGIN〉
C：それをやり続けることができるか？〈CONTINUE〉

ただ、これについて知っているだけではしかたがありません。知っていることと、実行することは、まったく違います。人生を変えるスポーツジムの会員資格を持っているだけでは意味がありません。運動してはじめて、意味があるのです。

この三つの質問に対する答えを見つける方法については、ステップ02で詳しく見ていきます。それは、目を閉じて最初に頭に浮かんだ三つの考えを書くことかもしれません。個人個人の幸福における傾向を研究してきた精神分析医から学ぶことかもしれません。あるいは、あなたがもっと幸せになるには何をしたらいいか周りの人に尋ね、彼らの意見を聞くことかもしれません。

〈ABCアプローチ〉では、自分自身を深く知るために、自分に問いかけ、その答えを探します。そして、実際に行動することが求められます。これは、ただの理論ではないのです。

自分に質問することによって、あなたは変わり始めます。その質問は、あなたの目を開かせ、心をとらえる力を持っています。問いかけるプロセスがうまくいけば、すぐになんらかの変化を

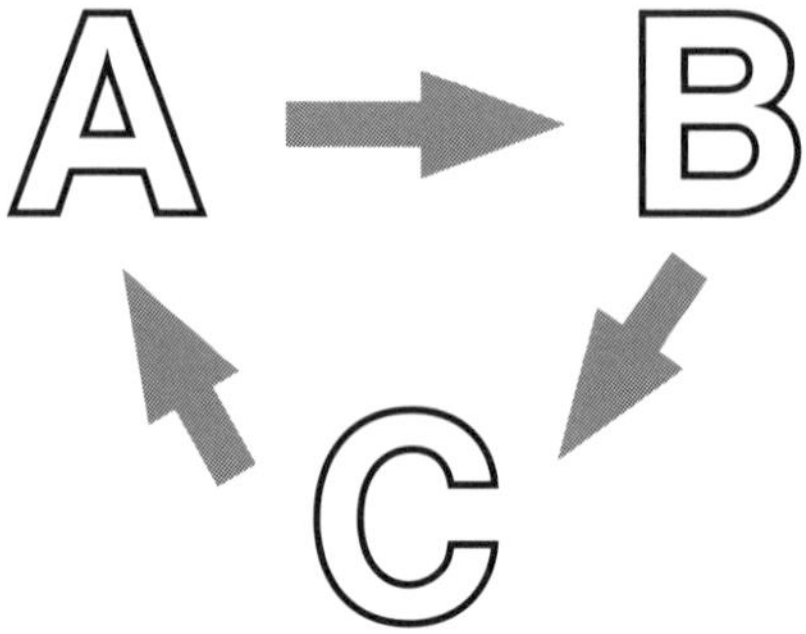

A：予定でいっぱいの日常生活の中に、自分の幸せのための余地を作れるか？〈ALLOW〉

B：自分（そして他人）が幸せになれることを、やり始めることができるか？〈BEGIN〉

C：それをやり続けることができるか？〈CONTINUE〉

感じることができることでしょう。

〈しあわせプラン〉を立てることによって、次のようなことができます。

・将来を楽観的に見ることができる。
・成功への、もっと簡単な道があると信じることができる。
・他人への信頼感を伸ばすことができる。
・自分に対して良い感情を抱くことができる。
・人生最大のピンチ（たとえば、お金がない）を乗り切る覚悟ができる。
・「本当の自分」を出し、自分が人生で何をしたいかを発見することができる。
・自分がすでに持っているものに、もっと感謝できるようになる。

あなたにとって一番大切なことは何ですか？　幸せな人生を築くには、まず自分自身をよく知ることです。次の表を見て、三つの答えのうち一つにチェックを入れてください。必要に応じて「その他」の欄にも記入して、同じようにチェックを入れてみてください。

エクササイズ　**人生の大切な分野において、私はどのくらい幸せを感じているか？**

人生で大切なこと	私は幸せだ	私は不幸せだ	どちらでもない 分からない
家族			
友人			
仕事			
健康			
お金			
その他			

あなたは「その他」にどんな分野を付け加えますか？　それぞれ、どこにチェックを入れましたか？　直観に従って、あまり時間をかけずにやってみてください。

このエクササイズを終えてみて、どんな感じですか？　あなたの反応を書いてください。

「私は幸せだ」の欄に、いくつかチェックが入っているといいのですが……。でも、どんな答えであろうと、これから〈しあわせプラン〉があなたを助けてくれます。

あなたは、とても魅力的です

突然ですが、あなたはとても魅力的です。これは本当のことです。でも、あなた自身はそう思っていないのではありませんか？

あなたと同じ技能、知識、夢を持っている人は、この世にいません。あなたと同じ感じ方、あなたと同じ視点を持つ人もいませんし、あなたと同じようにあなたの家族や友人を愛している人もいません。以前あなたであった人はいませんから、あなたがしていることを過去にしようとした人もいません。

そして、驚くべきことに、あなたはユニークで唯一無二の人であるにもかかわらず、世の中のすべての人と、さまざまなことを共有しているのです。

あなたの心の中には、あらゆる可能性が眠っています。今の限界を超えたことを達成する可能性や、何かすばらしいことをする可能性です。あなたの愛とぬくもりは、寒い夜を照らすことができます。本当に、あなたは可能性に満ちているのです。

ただ現実には、誰もあなたにこんなことは言わないでしょう。職場では、たいてい「よくがんばりました。でも来年はもっとがんばりましょう」と言われます。あなたがどんなに立派かをあなたに言いたがる友人も、あまりいません。だからこそ、もう一度言わせてください。あなたは魅力的で、ユニークで、可能性に満ちています。本当です。

ところで、ここであなたに質問です。ほめられてどう思いましたか？「やっぱり！」と得意な気持ちになりましたか？　それとも、あまりいい気持ちがしませんでしたか？

これは、自分に対するあなたの見方をよく表しているのです。魅力的だと言われることに耐えられないとしたら、あなたは自分が魅力的だと思っていないのです。魅力的だと言われて微笑んだなら、あなたは心の中で自分が魅力的だと思っているのです。これはとても大事なことです。自分の力で幸せを作り出せるかどうかに深く関わっているからです。ですから、どうか勇気を持って、もう一度、この項を最初から読んでみてください。

今度はどう感じましたか？　では、あなたの考えに最も近いものを選んでください。

「私は、ユニークで、魅力的で、可能性に満ちているだろうか？」

a　いつもそうだ
b　たまにはそういうこともある
c　全然そうではない

どんな答えでも、今はあまり気にしないでください。本書を読み進めながら自分はどんな人間なのかと問いかけていけば、そのうちきっと嬉しい発見があることでしょう。

幸せかどうかは、自分の心が決めることだ。

——アリストテレス（古代ギリシャの哲学者）

Step 02

幸せとは何かを理解する

私の友人に、とあるレストランの常連客がいます。ロンドンに古くからあるこの店は、開店以来メニューが変わっておらず、ほとんどの客はメニューを見ずに注文します。その友人は、「まだメニューがおぼえられないなんて、かわいそうに」と私に言います。おそらく、幸せの定義も同じような感じです。幸せとは何か、まだ分からないなんて、かわいそうに。

さて、あなたにとって、人生はかなり幸せだけれど、もっと良くなる余地があるとしましょう。だからどうしたらいいのか、もっとよく知りたいとあなたは思っています。

まず定義から始めましょう。

「幸せ」とは、穏やかな満足感、上機嫌、大喜びなどポジティブな感情を広く示す言葉です。その反対も同様で、「不幸せ」を表す、「みじめ」や「悲しみ」は、軽い失望感から抑うつ状態まで及びます。「悲しみ」はごく普通の感情で、健康のために、なくてはならない感情です。暗い感情を胸の奥にしまい込んで強がるのは、健康的とは言えません。思いきり嘆き悲しむほうがずっと健全です。また、みじめな気持ちは人生につきものです。実は、みじめな気持ちは幸せとつながっています。夜が昼とつながっているようなものです。

幸せと不幸せは、ひとつながりの普通の感情なのです。それなのに、みじめな気持ちは禁断の感情であるかのように思われがちです。悲しみや嘆きといった感情は、できるだけ少なくするべき感情だと思われています。でも、そうではありません。こういう感情は、健康的で安定した人生の中で、幸せと同じくらいのスペースを占めるものなのです。

それよりむしろ避けなければならないのは、本当の感情を抑え、心を保留状態に保ってしまうことです。このように感情を休止させてしまうと、あなたの感情は、他人はもちろんあなた自身にも分からなくなってしまいます。

具体的にはどういうことでしょう?　たとえば、仕事に専念するため、家族の問題をどんどん先送りにするというようなことです。また、自分の健康上の問題にうまく対処できず、感情を麻痺させるということもあります。つまり、恐れや極度の疲労の結果、感情の動きを止めたままで過ごしている状態です。これは、将来的にさまざまな問題を引き起こします。

〈ABCアプローチ〉のA「幸せの入る余地を作る」は、ここで役に立ちます。もしあなたの生

活が多忙と切り離せないなら、あるいは家庭の心配ごとが常に頭から離れないなら、あなたが何かを感じる余地はどこにあるのでしょう？
あなたならではの喜びの種や目的を知り、それを目指して進んでください。たとえ必ずしもそこにたどり着けなくても、それが必要なものなのだということに気づくでしょう。
ですから、ここでの〈しあわせプラン〉のアドバイスは、あらゆる感情を感じる余地を作ることです。深刻な影響もないのに、あまり長いこと心を保留状態にしていてはいけません。思いきって、どんな感情でも感じてください。
感情的な中立状態については、あとでもっと詳しく見ることにしましょう。あなたが、感情の動きが少ない生活に慣れてしまったかどうか、すぐに分かるとは限りません。これをしなければ、あれをしなければ、といった、日常の要求にまくし立てられ、あなたは自分にとって必要なことを無視してしまうからです。けれども、テレビのトークショーにゲスト出演でもしない限り、自分の感情を装う必要など、あるはずがありません。

「幸せ」の意味に戻ります。幸せと不幸せは、ひとつながりだとお話ししました。感情は、光のスペクトルに似ています。あなたも私も、いつでも、「幸せ→不幸」あるいは「不幸→幸せ」のスペクトル上のどこかにいるのです。

仕事では、あなたはスペクトル上のどこにいますか？
家ではどうですか？
健康に関しては？
家族との関係では？
親友との関係では？

直観で答えてみてください。全般的に幸せですか？　それとも不幸せですか？　ステップ01で作った「人生で大切なこと」の表（次ページに再掲）が参考になるでしょう。

スペクトル上の最も不幸せのところにいると、悲しみ、憂うつ、失望などのネガティブな感情を抱きます。それには肉体的な特質もあります。嘆きの涙、動揺する様子、苦痛にゆがんだ顔の表情、悲しみに沈んだ人の身振りなどです。

逆に、スペクトル上の最も幸せなところにいると、喜び、満足などのポジティブな感情を抱きます。これらもまた、肉体的な特質があります。喜びの涙、大きな喜びの瞬間に愛する人を抱きしめてキスしたいという気持ち、歓喜の微笑みや笑いなどです。

人生で大切なこと	私は幸せだ	私は不幸せだ	どちらでもない 分からない
家族			
友人			
仕事			
健康			
お金			
その他			

さらに、幸せ・不幸せにはそれぞれ二つの次元があります（次ページの図参照）。動的な幸せと静的な幸せです。

動的な幸せとは、表情豊かで肉体的な表現を伴う感情です。たとえば、試験に合格したという連絡を受けて飛び上がって喜ぶなどです。

静的な幸せは、必ずしも外に向かって表現されません。心の中で感じる、穏やかで安らかな満足です。たとえば、丹精込めて育てた庭木がついに花をつけたときに、しみじみと感じる満足感です。

不幸せにも、動的なものと静的なものがあります。動的なものは動揺で、これも表情豊かで肉体的です。たとえば、車で空港へ向かったところ、渋滞に巻き込まれ、フライトの時刻が迫ったときのあせりの表情。

一方、静的なのは憂うつです。憂うつは、一時的に気分が落ち込んだときのような、ちょっとした気のふさぎから、セラピストや医師の助け、薬物治療、多くの回復期間が必要になる、深刻な病気まで網羅します。

これら四つの感情は、激しさの点で異なっていますが、どれも幸せ・不幸せの感情です。これを参考にして、いま自分がどの状態なのか意識するようにしましょう。

幸せの解釈は、まだあります。

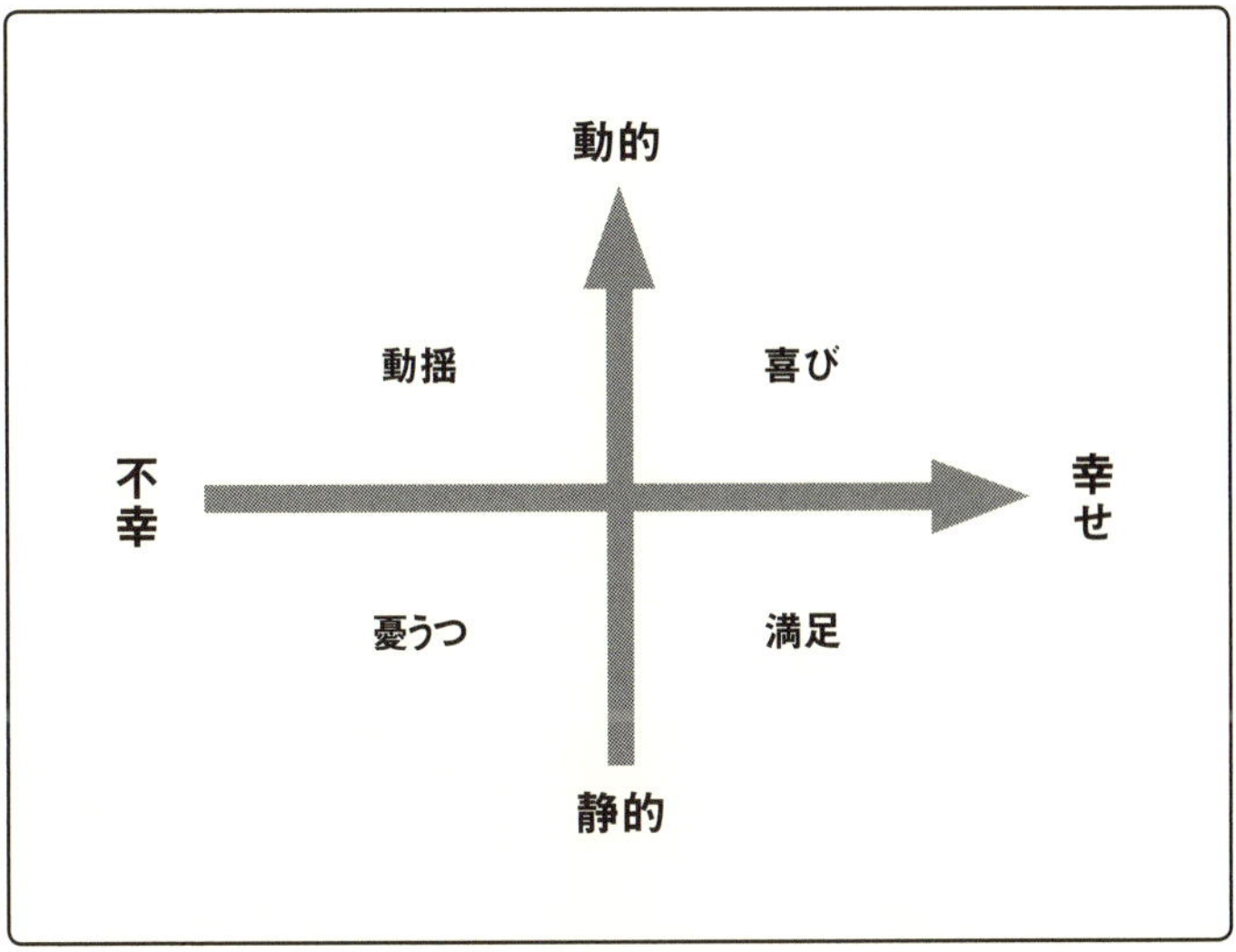

「幸せとは、気分がいいこと。楽しいという感じ、その感情が続くことを望むこと。

不幸せとは、気分が悪いこと。状況が変わることを望むこと」

――リチャード・レイヤード

「幸せとは、幸運、運がいいこと、自分の運命に満足していること。満足しているとか、喜んでいること。幸福であること」

――オックスフォード英語辞典

また、ポジティブ心理学の創始者マーティン・セリグマンは、幸せには三つのレベルがあると言いました。

1　楽しい人生

体の本能的な喜びを満たすこと。たとえば、一杯のおいしいワインを飲むこと、暖かいお風呂につかること、公園を散歩すること。そのような喜びは、一時的で、表面的で、真の幸福を生み出すことはできないが、少しのあいだ人生を楽しいものにしてくれる。

2　良い人生

活動に携わる。実際は社会的なものであることが多い。それは、挑戦によって、活気にあふれた喜びを引き起こす。たとえば、毎週日曜日にサッカーを始める、本を書いてみる。

3　有意義な人生

持続された幸せの最高レベルがやってくる。人々が自分の人生に、より広い意味を与えることができるとき。政治、ボランティア活動、宗教によって人々を助けることは、人々が、自分自身よりも大きくて重要なものがあることに気づくのを助ける。

さまざまな定義をご紹介してきましたが、幸せの最も良い定義は、あなたの定義です。あなたが生きてきた中で自然に育ったものです。これこそまさに、本書で言う幸せなのです。

〈しあわせプラン〉は、それがあなた自身のものであれば、とてもうまく働きます。誰かが作った汎用性のある「幸せのプログラム」をインストールするわけではないのです。

幸せは、有名な指導者が提唱する、奇跡的なプログラムに従うことによって手に入れられるのだという考えも間違っています。フランスの啓蒙思想家ボルテールが言うように「私たちはそれぞれ、自分の畑を耕さなくてはならない」のです。ですから、ここでご紹介した定義を参考にしながら、あなた自身にとっての幸せとは何か、どんなときにあなたは幸せを感じるのか、考えてみてください。

〈しあわせプラン〉で何ができるの？

〈しあわせプラン〉では、「もっと幸せになるために、私は何ができるか？」ということを、まず考えます。〈しあわせプラン〉は、あなたのユニークな才能や、好きなものを引き寄せるための実用的な道具です。人間が人間らしく生きている混沌とした人生の中で、とりとめもない出来事という点どうしをつなぎ合わせる線なのです。

どんなに大きなプレッシャーにさらされていても、どんなにたくさんの要求に応えるよう迫られていても、あなたが自分にとって最も大切なものをいつも見失わずにいられるようにするためです。ですから、自分がどんな人間か、自分にとって何が大切かを知ることが、きわめて重要なことなのです。

「はじめに」でお話ししたように、幸せは、あなたなりの〈幸せのもと〉からくるものです。あなたにとって、それは子どもたちかもしれませんし、自分の特別な才能かもしれません。

〈幸せのもと〉を活用して、すぐに幸せになれることを知っていれば、それはきっとあなたの役に立ちます。幸せになるために、難しい前提条件は何もありません。ほんの少し指導を受け、自分でよく考えることによって、〈幸せのもと〉をうまく活用することができるようになります。

ただし、C・P・スノーが言うように、幸せは追い求めて得られるものではありません。

「幸福を追い求めるというのは、非常におかしな言い回しだ。幸福を追い求めても、決してそれを見つけることはできないだろう」

——C・P・スノー

「あなたの〈しあわせプラン〉は？」

（頭と体が許す限り）精神的にも肉体的にもストップしないこと。できるだけ多くの時間を愛する人や親しい友人と過ごすこと。そして「与える」のをやめないこと。

——クリス・イングル（ベーグル・ファクトリー創立者）

幸せは、自然にわき起こるものです。ですから、絶対確実に幸せになる方法というものはありません。そういう意味で、申し訳ありませんが、この本は、やたらと楽観的なアドバイスばかりを並べたハウツー本ではありません。

それからもう一つ。残念ながら、あなたの個人的な幸せを保証することはできません。すばらしいことに、私たち一人ひとりは、あまりにもユニークで自由なので、こうすればどんな人でも必ず幸せになれる、などと言うことはできないのです。こうすればあなたが幸せになる可能性を高めることができるというアドバイスはできますが、それ以上のことはできないのです。

では次に、幸せに関する、新しい研究の成果を見ていきましょう。

幸せの研究から分かったこと

「物質的な豊かさは、なぜ私たちを幸せにしてくれないのだろう？」二一世紀に入り、私たちはどうしたら幸せになれるかということが、ますます重要な課題となりました。人と人とのつながりが弱くなり、政治家への信頼や仕事の保証も失いました。その一方で、仕事にますます多くの時間を取られるようになりました。

経済的に豊かな国々で、うつ病の発症率が高いのはなぜでしょう？　そういった国々では、自分は幸福だと考えている人より、不幸だと考えている人のほうが多いのです。経済主導のあわただしさに巻き込まれ、家族との強い絆《きずな》など、大切なものを見失っているからです。

なぜこうなってしまったのでしょう？　この疑問に挑戦するために生まれたのが、ポジティブ心理学です。心理学者のマーティン・セリグマンが、楽観主義、人の強み、美徳、幸福を研究し、さまざまな新しい発見をしたのです。もともと精神病の研究であった心理学の焦点を、ネガティブなもの（精神病）からポジティブなものへと転換したセリグマンの研究は、ポジティブ心理学という新しい科学を生み出しました。

この幸せの研究によって、さまざまなことが分かりました。まず、私たちがお互いにつながりを持って生きることの大切さです。お互いにつながることによって、私たちは自分の気持ちや社会のニーズに気づき、周りの人たちと共通した目的意識を持つことができるのです。幸せは、私たちがまとまりのある社会を築く助けになります。

幸せについての研究の中で、私が最も重要だと思うのは次の三つです。

1　幸せが健康状態を良くする

あなたは、一日をどんな気持ちで過ごしていますか？　普段の感情が分かれば、あなたが今後どのくらい健康でいられるかが分かります。不安、不幸、落胆は、ストレスホルモンを増やします。それが長く続くと、体が四六時中、高い緊張状態に置かれることになり、いつか健康に問題が生じます。高い緊張状態で生きるためには、多くのエネルギーが必要になるので、緊急性の低い体の機能が落ちていくのです。これは、体にとって良い状態とはいえません。

一九三二年に、アメリカのノートルダム教育修道女会で、修道女たちを対象とした調査が行われ、その結果、明るい気持ちで生きることが長寿につながるということが分かりました。

修道女たちに求められたのは、日記をつけることと、短い自叙伝を書くことですが、そのとき修道女たちが書いた日記や自叙伝は、驚くべきことを示していました。ポジティブな気持ちで自叙伝を書いた人たちは、ネガティブな気持ちで書いた人たちよりも長生きする傾向があったのです。「昨年は良い年だった」「将来を楽しみにしている」と書いた修道女たちは、そうしなかった人たちよりも、充実した老年期を過ごす傾向が強かったのです。

最もポジティブだと判断された人の九〇パーセントが、八五歳より長く生きました。それに引きかえ、ポジティブでなかった人で八五歳まで生きたのは、たったの三四パーセントでした。同じ食事を取り、同じ日課をこなし、同じ住居に住む彼女たちですが、たった一つ大きく違っていたのは、ポジティブな態度だったのです。

2 「あなたがどれだけのものを手に入れたか」より「彼らがどれだけのものを手に入れたか」

ハーバード大学の学生に対して、次のどちらを選ぶか質問しました。

①低額の賃金。だが、同級生たちと同じくらい。
②高額の賃金。だが、同級生たちはもっと高い。

大部分の学生は、①の「低賃金、同級生と同額」を選びました。これにはどういった意味があるのでしょう?

収入や物の所有による幸せは、他人がどれくらい稼いでいるか、他人がどれくらい持っているかの認識と深く関連しています。店にたった一台しかなかった真新しいノートパソコンを手に入れた管理職の幸せは、会社に同じパソコンが二〇台届いたとき、著しくしぼみます。地位や階層を追い求める私たちの気持ちは、実際の所有の喜びにまさるのです。

3 幸せのレベルは、社会への信頼の大きさに比例する

過半数の国民が「一般的に人々は信頼できる」と考えている国では、個人が感じている幸福の度合いも高いものです。

ケンブリッジ大学が行ったヨーロッパにおける幸福感の調査で、デンマークやフィンランドなど北欧の国々で最も幸福感が高いという結果が出ました。一方、イタリア、ポルトガル、ギリシャ

のような陽光がさんさんと降り注ぐ南欧の国々では、幸福感が最も低いことも分かりました。

この調査では、回答者の全般的な幸福感と人生への満足感を一〇段階で評価しています。デンマーク人（政治家や公共機関への信頼度が高かった）は、八・三で、この分野のトップに躍り出ました。イタリア人（政治への満足度が低かった）は、最低の六・四九でした。

「北欧諸国、オランダ、ルクセンブルクの人々の幸福感が最高だったのに対し、イタリア、ギリシャ、ポルトガル、ドイツ、フランスは最低だった」と調査は報告しています。

国民が友人や家族と一緒に楽しく過ごし、政府や国の機関を信頼している国々は、より幸せである傾向があり、日のよく当たる地域に住んでいるかどうかは問題ではないのかもしれません。

あなたは、どれくらい幸せを期待しているでしょう？

もし、今、私があなたの隣に立っていて、「調子はどう？」と尋ねたら、あなたは何と答えますか？　次の中から一つ選んでください。

「おかげさまで、とてもいい気分よ」

「悪くないよ」

「もっと良かったはずなのに、今は〇〇な気分だね」

「○○のわりには、いいほうだと思うよ」

「元気だよ。あなたはどう？」

「まあまあだね」

「健康そのものだよ」

「すばらしいよ」

「ところで君、どうやって部屋に入ってきたんだい？」

「調子はどう？」と聞かれたら、あなたはいつも何と答えますか？　もし右の例の中になければ、ここに書き出してください。


それが今のあなたの気分ですか？　もし一日を、もっとすばらしいものにできるとしたらどうでしょう？　普段の気分をもうワンステップ明るくし、幸せに近づくことはできませんか？

幸せに影響を与える要因

私たちの幸せは、いくつかのものに影響を受けています。

クイズ　幸せへの影響

次のうち、どれがその日の「幸せ」に最も影響を与えると思いますか？　一つ選んでください。

1　宝くじで一億円当たった。
2　世界じゅうのどこへでも行ける。世界じゅうのどこにでも住める。
3　事故で体に障害を負う。
4　破産して家を失う。
5　魅力的なパートナーがいる。
6　遺伝的な幸せの素因を持っている（たとえば、とてもハッピーな両親）。

6の、幸せになりやすい素因を持った両親がいることは、とても重要です。幸せを感じる能力の半分は、DNAからくるためです。これは本当です。幸せの研究者は、家族から受け継いだ遺伝子が、その人の幸せに最も大きな影響を与えると言います。

ある研究によれば、遺伝的クローンである一卵性双生児は、同じくらいの幸福感を持っていることが分かりました。たとえ、離れて育てられ、その後は全く異なった道をたどったとしても、これは事実なのです。

ポジティブ心理学者のマーティン・セリグマンは、この遺伝的性質を「舵《かじ》取り」と呼びました。私たち一人ひとりを、ある一定の幸福感へと導いてくれるからです。では、あなたの遺伝子は、どのくらい陽気ですか？

両親との出来事や、両親と過ごした時間を思い出してみてください。あなたは暗い部屋で暗い音楽を聴きながら育ちましたか？　それとも、ロックンロール好きの元気な母親が毎朝あなたの寝室のカーテンを開け、そのたびにあなたは笑っていましたか？　あなたの幸せの五〇パーセントがここから生じているとしたら、よく考えてみる価値があります。

その一方で、幼いころに両親を亡くしたり、養子に出されたりして、両親と過ごした時間が短い人たちのことを考えてみると、幸せを感じる能力のもう半分は、「育ち」からきている可能性が高いのです。ですから、嬉しいことに、半分は自分の力でどうにかすることができます。

では、先ほどのクイズ「幸せへの影響」であげた、その他の要因についてはどうでしょう。

1から5までの外的要因による影響は、わずかなものです。これらも、多少幸せに貢献するものの、あなたの幸せや悲しみのレベルが、これによって直接左右されることはありません。長期的に考えて、幸せを大きくする要因とは言えないのは、次のようなものです。

- お金
- 住んでいる場所
- 健康
- 信仰

特にお金については、私の言うことが信じられないと思われる人もいるかもしれません。お金があれば幸せになれると思っている人は、とても多いからです。

では、ここでお金について考えてみましょう。

経済学者が計算したところによると、国民の平均的な購買力が、一人につき一万ポンド（約一三〇万円）に達してしまうと、たとえそれ以上の収入があっても、人々の生活への満足度に大きな違いは出てきません。

ＢＢＣ（英国放送協会）が一九五二年に行った調査によると、「自分はとても幸せである」と答えたイギリス人は、五二パーセントでした。ところが、二〇〇六年の調査では、たった三六パーセントだったのです。収入の増加は、生活の満足感にまったく良い影響を与えなかったのです。

前出のセリグマンは、このことについて次のように述べています。

「他の目標よりもお金を重要視する人たちは、自分の収入にも、自分の人生にも、全体としてあまり満足していない。それは、実際の収入がどのくらいかには関係がない」

つまり、お金は、私たちを幸せにはしてくれないということです。もっとたくさんのお金を手に入れることが唯一の目標だという人は別ですが、私は、そういう人をあまり多くは知りません。でも、お金以外の目標に向かって一生懸命がんばっている人たちは、たくさん知っています。自分が選んだ専門分野で成果を上げることにプロとしての誇りを感じている人、美しいものを創り出そうとしている人などです。

私たちの多くは、経済的な理由で仕事をしています。そして、ＣＭや広告でぜいたくなライフスタイルを見て、「お金持ちになれば、幸せになれる」と思い込んでいるのです。でも、決してそんなことはありません。幸せの本当の源を見分け、それに集中することのほうが、ずっと大事なのです。毎月稼いだ金額と同じ額を使わせようとする、この社会の巧妙なシステムには、やはり欠陥があるようです。

「もっと」が、決して「充分」にならない理由

ここで、この欠陥について、もう少し詳しく調べてみたいと思います。私たちは、次々と登場する新しい「モノ」を通して、幸せのアイデアを売られています。でも、それは本当に役に立つのでしょうか？　私は、役に立たないと思います。ある大きな理由からです。

どんなに買っても、もっと新しい物への欲求を満足させることは、決してありません。新しい物は、次から次へと出てきます。私たちは、改良された最新モデルがどんどん古くなっていくことに、慣れきっています。ですから、どんなに物を買っても、これで充分だということがありません。宣伝広告がこれを助長していることは間違いありません。「ああ、これでやっと私は幸せになれた」という瞬間がくることは、まずないでしょう。

私たちは、幸せが長く続くことを期待してピカピカの最新モデルを手に入れますが、実際にはそうはならないのです。私たちはすぐにその最新モデルに順応し、ワクワクするような新品は、一〇億分の数秒で退屈で傷だらけの古い物になります。新車にしても新築の家にしても、これらの新しいアイテムは、私たちが信じているように永久の幸福感を与えてはくれません。たとえ、それを買うために何年間も貯金に励んだとしても。

これは、「享楽的な順応」と呼ばれるもののせいです。このような終わりのない消費主義のサイクルは、「享楽的な踏み車」として知られています（踏み車というのは、よくハムスターの小屋についている、あの回転する車のことです）。

たとえば、小さなアパートに長年住んでいた若いカップルが、大喜びで新しいアパートに引っ越したとします。寝室が二つある、今までよりもいいアパートです。まさに家庭的な幸せです。そう、短いあいだは。でも、新しい家で数カ月も過ごすと、どうやってそれまで寝室が一つしかない狭いアパートで生活してこられたのか、想像もできなくなってしまいます。彼らは「享楽的な踏み車」で、もう数周したのです。

何を買おうとも、あなたがもう充分だと感じることはないでしょう。一時的に気分が良くなるかもしれませんが、それによって、別のものに取り替える必要性、アップグレードの必要性、やり直しの必要性、改良の必要性、もっと大きい物を手に入れる必要性が、完全に満たされることはありません。決して満足することがないのです。

物を買うために貯金し、それを買ったら、できるだけそれを長く使いまわす方法を見つけましょう。〈しあわせプラン〉を使って、永遠に続く消費の誘惑を小さく抑えるのです。どうして自分はそんなに一生懸命働くのか、よく考えてみてください。一生懸命勉強して出世の階段をよじ登ることは、すべて、新しいものをたくさん買えるようにするためなのですか?

あなたは休みを取る必要があります。あなたの内に潜んでいる怠け者や遊び人たちを、少し解放してやりましょう。さもなければ、不必要な物を買うために、また休日に仕事をすることになりますよ。

私たちは、裕福な勝ち組の人たちは幸せであるに違いない、仕事もうまくやり、ぜいたくな暮らしを満喫しているはずだと考えます。でも、そういう勝ち組の人たちは、もっと多くのお金を稼ごう、職場でもっと高い評価を得ようと、大変な苦労に足をとられ、小さな喜びを無視している場合が多いのです。つまり、一人で静かに公園を散歩したり、友人や家族と楽しい時間を過ごしたりすることを忘れてしまうのです。

これは、別の問題を引き起こしています。昨今、仕事に由来するストレスは、かつてなく高まり、ストレスに由来する健康問題に関する出費は、イギリス全土で年間三〇億ポンド（約四千億円）だと言われています。

もちろん、これは一般論です。一生懸命働き、なおかつ幸せな家庭を築き、健康で充実した生活を送っている人も大勢います。働き者の勝ち組は、経済的な成長をもたらし、持ち家率の高い、消費意欲の高い国家を作り上げました。

けれども、この経済的な成功は、私たちに高い満足感、健康、安心感をもたらしてくれたでしょうか？　必ずしもそうとは言えないようです。

幸せが、物質的な豊かさや経済的な安定と、まったく関係ないということではありません。経済的な安定があるから〈幸せのもと〉を楽しむ時間を持てるということも事実です。けれども、物質的な豊かさばかりを追い求めることは、やはり偏《かたよ》りを招きます。

ほとんどの先進国では、「持てる者と持たざる者」の格差が拡大しました。多くの若者は未来を信じていません。一方、年配の世代は、共同体意識が高まることを望んでいます。玄関のカギを開けっ放しにして出かけたり、地域の催し物のために差し入れのお菓子を持っていったりするというようなことです。

私たちは、経済的な成長を追い求める活動に夢中になっているうちに、大事な幸せの源を忘れてしまったようです。

エクササイズ　あなたは、どれくらい満たされている？

それぞれの質問に対して、イエスかノーのどちらかを選んでください。

1　誰かに愛されている？　〈イエス・ノー〉
2　カードの支払能力がある？　〈イエス・ノー〉
3　収入で生計を立てることができる？　〈イエス・ノー〉
4　愛する人は元気？　〈イエス・ノー〉
5　自分の健康状態は良好？　〈イエス・ノー〉

6　趣味や関心事がある？　〈イエス・ノー〉
7　やりたいことは、だいたいできている？　〈イエス・ノー〉
8　住む場所がある？　〈イエス・ノー〉
9　充分な食べ物がある？　〈イエス・ノー〉
10　仕事は続けられそう？　〈イエス・ノー〉

誠実な人間関係や健康など、人生には大事な要素がたくさんあります。それが満たされ、何の問題もなく過ごしていけるようなときに、どうしてさらに多くのものを手に入れることに神経をすり減らす必要があるのでしょう？

自分の幸せはどこからくるのか、その本当の源を見分け、それに集中することのほうが、ずっと大切で、ずっと意味があります。

今のことに意識を集中し、毎日を楽しく過ごしましょう。それが、〈しあわせプラン〉の目指すところです。

幸せを求める気持ちを無視することは、時代遅れだと私は思います。〈しあわせプラン〉は、人間性を犠牲にすることなく成功を手に入れる方法でもあるのです。経済的な豊かさや成功を手に入れるのに夢中になっているあいだに感謝の気持ちを持つことを忘れてしまうなら、そんなものは、苦労して手に入れる価値はありません。それはたとえば、次のようなものに対する感謝の気持ちです。

・人生でうまくいっていること
・気がねなく誠実な人間関係
・すばらしい体調
・あなたを愛してくれる人

あなたの人生が、今と同じように、今後一〇年間、まったく変わらずに続いていくと考えてみてください。一〇年経ったとき、あなたは振り返ってこう言います。

「もっと……に感謝の気持ちを持てばよかった」

〈しあわせプラン〉は、今あなたが感謝できることに気持ちを集中するべきだということを思い出させてくれるでしょう。そうすれば、毎日を楽しく過ごすことができます。あなたの人生には、どんなにすばらしいことがあるでしょう？　いつのまにか、「自分は忙しすぎて今日という日を楽しめない」と思い込んでいませんか？

豊かさと幸せ

経済的な豊かさと幸せは、相反するものなのでしょうか？　また、仕事を通じて幸せを手に入れることはできないのでしょうか？

まず、仕事での成功は、あなたの健康や家族との関係を犠牲にしてまで手に入れるものではありません。これからは、所属する個人が幸せであることが、組織の成功にとって不可欠の要素となっていくでしょう。社外で楽しい時間を過ごしている人は普段の仕事にも熱心であることに、すでに多くの企業が気づいています。

また、社内での幸せも重要です。魅力ある組織を作ることは、幸せを作ることにつながっているのです。自分の仕事にやる気を感じている社員は生産的ですし、正しく評価されている、認められていると感じている社員は、忠誠心が高いのです。

仕事は、やりがいや充実感を与えてくれます。それは、仲間意識を育て、知性を磨き、技能や専門知識を伸ばす場でもあります。このように、職場は確かに私たちが幸せになれる場所でもあるのです。それなのに、「あなたが最も幸せを感じるのは、どんなときですか?」と聞かれて「職場にいるとき」と答える人は、ほとんどいません。

私は、長年にわたって、セミナーの受講生に「あなたが最も幸せを感じるのは、どんなときですか?」という質問をしてきましたが、「職場にいるとき」と答えた人は、たった一人でした。

一方、「職場であなたが最も幸せを感じるのは、どんなときですか?」と尋ねると、その上位五つの答えはいつも同じです。

私が職場で最も幸せなのは、

1 自分の努力によって、顧客や同僚に大きな影響を与えたと感じたとき。
2 自分の仕事が何らかの形で認められたとき。
3 難しい問題を解決したとき。
4 リーダーシップを発揮して、チームに活気を与え、彼らの成長を助けたとき。
5 全員が一つのチームとして働いたとき。

幸せと両立する豊かさ		
良い点（経済的な豊かさや達成感を追い求めている場合には）	**悪い点**	**双方をバランスよく考えてみましょう**
経済的な安定	借金 雇用主や市場への依存	私が幸せになるのに本当に必要な金額はどのくらいか？ 私は今、どのくらいのお金を使っているか？ 人生を楽しむために、そんなにお金を使う必要があるのか？
マイホームを持つこと	住宅ローンに苦しむ	今住んでいるところのいいところはどこか？ 家族は、この家のどんなところを気に入っているか？ ここが我が家になっているのはなぜか？
仕事の成功	ストレス ワーク・ライフ・バランスが悪い	自分の仕事のどこが好きか？ 達成感や、認められているという感覚を与えてくれるものは何か？
享楽的なライフスタイル	次の体験を求める気持ちや、購買欲が強い	最も楽しいことは何か？ すでに手に入れたもの、すでに持っているものに気づいているか？

では、あなたが職場で最も幸せを感じるのは、どんなときですか？

私が職場で最も幸せを感じるのは……

残念なことに、仕事は不幸せを作り出す可能性も持っています。

テクノロジーの発達により、仕事の拘束時間は長くなる傾向があります。私たちは疲れています。リラックスする時間が必要なのです。私たちが、上司以外の誰かために時間を取りたいと思うのは、当然のことです。〈しあわせプラン〉は、より人間的な目線で、仕事を含めた人間関係に優先順位をつけ直すのに役立つことでしょう。

もっと幸せになるには

あなたは、仕事や人間関係など、人生のある分野において、もう少し幸せになりたいと思いませんか？　それとも、少しと言わず、もっともっと幸せになりたいですか？　では、ステップ01でお話しした〈ABCアプローチ〉を使ってみてください。

A：予定でいっぱいの日常生活の中に、自分が幸せになれることをする余地を作る。
B：自分（そして他人）が幸せになれることをやり始める。
C：それをやり続ける。

ところで、もし私があなたに魔法の杖を渡して、「これを使って、あなたがもっと幸せになれるように、三つの願いをかなえてください」と言ったら、あなたは何を願うでしょう？
ある友人どうしのグループが、このエクササイズをやりました。少し考えたあと、彼らは次のようなことを言いました。

- **パートナーともっとたくさん楽しい時間を過ごす。**
- **やりがいのあるパートタイムの仕事を見つける。**
- **急を要する家族の健康問題を解決する。**

さあ、魔法の杖は、今あなたの手にあります。あなたの三つの願いは何ですか？

もし、次の三つのことを変えられるなら、私はもっと幸せになれるだろう。

1
2
3

三つのうちのどれかをする余地を作れそうですか？　そのために何をしなければならないか、あなたはすでに分かっています。問題は、あなたの気持ちです。あなたは本当にそれをやりたいと思いますか？

私は、幸せについての研究をかなりたくさん読みましたが、そこで言われていることは、結局のところ〈ABCアプローチ〉で言う三つのプロセスになるように思えます。

〈しあわせプラン〉には、込み入ったことは必要ありません。心理学の歴史をすべて知っていることが、必ずしもあなたを笑顔にするわけではないのです。

〈ABCアプローチ〉の三段階のプロセスは、さまざまな状況で使うことができます。仕事においてもっと幸せになりたいときも、家族や恋人との関係においてもっと幸せになりたいときも、あなたの役に立つでしょう。いくつかの分野でこのＡＢＣをやり通してみれば、それがどんな分野でも有効に働くということが分かるでしょう。

ですから、〈ＡＢＣアプローチ〉を〈しあわせプラン〉の第二部として受け入れ、ぜひ実行してください（ちなみに第一部は、「あなたが最も幸せなのは、どんなとき？」という質問に答えることです）。

では、ＡＢＣのうち、Ａから順に見てみましょう。

Ａ：日常生活の中に、幸せのための余地を作る

あなたは、今日一日のうちに行うこととして、何を選びますか？　まず仕事、スーパーでの買い物、掃除、洗濯、誰かと一緒に過ごす時間、一人で過ごすリラックスタイム。あとは、できるだけ長い睡眠。他に何か大事なことを忘れていませんか？　そうです、「幸せ」です。

もちろん、あなたが選んだことは、どれも喜びのもとではありますが、それがそのまま実際の喜びになることはないでしょう。だから、結局、その日の欲求は満たされず、あなたの心には何も残らないのです。これはいったいどういうことでしょう？

『石と壺《つぼ》のお話』

ある学校の物理学の先生が、ある日学校へ大きなガラスの壺を持ってきました。そして、生徒たちにその中身を答えるように言いました。大きい石、小さい石、割れたガラス、砂などと生徒たちは答えました。すると先生は、壺をひっくり返して中身を全部出してみるように言いました。次に、その中身を元通りに壺に戻すように言いました。生徒たちは、まず壺に砂を入れました。すると、最後には大きな石を全部入れるだけのスペースがなくなってしまったのです。

先生は、ガラスの壺に中身を元通りに戻す方法を生徒たちに教えました。まず最初に大きな岩を戻し、最後に砂を戻すのです。大きな岩が全部入り、砂は大きな石の周りを包み込むように入っていきました。そしてすべての中身がガラスの壺の中に戻りました。先生は言いました。「小さなものを最初に入れると、大きなものをあとから入れることができなくなってしまう。これは人生にも言えること。人生にあまり重要でないことをたくさん入れてしまうと、もっと大きくて重要なことが入らなくなってしまうよ」

先生は続けました。「物理学の話はさておき、私は君たちに、人生はガラスの壺だということを覚えておいてほしいんだ。そこに入るものの量には、物理的な制約がある。だから、毎日必ず、最も大切なものを最初に入れなさい。そして、その他のものは周りに納めるようにするんだ」

あなたのガラスの壷はどうなっていますか？　何日か前の状態から、壷の中身を振り返ってみてください。大量の仕事、通勤、家事、雑用、子どもの世話、一人で過ごすほんの少しのリラックスタイム、誰かと一緒に過ごす時間、そして睡眠。これだけでいいのでしょうか？　こういうふうに並べてみると、一日の中に、あなたを幸せにすることをもっと多くしてもいいと思いませんか？　どうぞ、あなたの幸せを最重要視してください。仕事や他人の世話を優先したあとではもう充分な時間が残っていないのです。

もしもどこかでビーッという音が鳴って、私たちが自分の処理能力を超えた仕事を引き受けたときに、それを知らせてくれるなら、どんなに楽でしょう。でも残念ながら、そんなものはありません。それで私たちは、あらゆることにイエスと言ってしまうのです。それなのに、どういうわけか自分自身のことにはイエスと言わず、結局愛する家族との会話も不充分、好きな音楽を聴く時間も不充分になってしまうのです。

ですから、あなた自身がもっと幸せになってください。毎日毎日、自分が幸せになれることを大事にしてください。「私は、自分の幸せのための時間を作る」と、今すぐ決意してください。

そして、次ページのエクササイズをやってみましょう。

エクササイズ　決意する

次の表を使って、幸せになるための決意をしましょう。

私にとって重要なこと	私の幸せのための時間をもっと取れるか？	では、何から始めるか？	これをすることによって幸せになれる人が他にもいるか？それは誰か？
家庭のこと			
仕事のこと			
健康のこと			
その他のこと			

さて、では、たとえば小さい子どものいる忙しい親は、自分が幸せになる時間をもっと作れるでしょうか?

弁護士のサイモンは、仕事中はだいたい良い気分ですごしていますが、少し退屈です。彼は報告書を仕上げ、新しいクライアントとのミーティングを済ませ、帰宅します。そして、子どもたちをお風呂に入れます。夜になって子どもが寝た後、サイモンはようやく自分のデスクに腰を下ろします。デスクの上には、家族写真と〈ABCアプローチ〉を書いた紙が置いてあります。サイモンは、Aを読みます。「今日は、何か自分が幸せになる時間を作れたっけ?」大きなゼロが頭に浮かんできます。ふとサイモンは、家族と一緒にビーチで過ごした楽しい週末を思い出します。それは遠い昔のことのように感じられます。そうしているうちに、同僚から緊急の電子メールを受け取ります。それでまた、もとの多忙モードに戻っていくのです。

ところで、家族での外出というすてきな体験を思い出すことは、サイモンにとってどんな意味があったでしょうか?　確かにそのときサイモンは、仕事のせいで回想が中断されてしまうことを残念に思ったかもしれません。けれども、この回想が実際にサイモンに与える影響はポジティブです。サイモンは、日の光を浴びている感覚、海で水しぶきをあげながら遊んだときの感覚、子どもたちの体を柔らかいタオルで拭いてやったときの感覚を思い返し、追体験しました。このように良い思い出を振り返ることによって、気分を良くする強力な化学物質(セロトニン)が脳に放出されます。つまりサイモンは、楽しいこととのつながりがまだ全身に波紋のように広がっているあいだに、次の仕事を始めることができたのです。

これは幻想なのでしょうか？　確かに記憶はただの幻想です。ただ、私たちが記憶をたどってある出来事を再現するとき、私たちの脳は、楽しい体験や苦しい体験をしたときにあった、多くの化学物質を再び作り出します。たとえば、駐車するときに塀にぶつかりそうになったとします。すると、私たちの脳は、このことを覚えていて、次に運転したとき再び神経質になるのです。ですから、デスクに座ってビーチの記憶をたどっているあいだ、サイモンは楽しく、暖かい気持ちになっていたのです。

「私の幸せのために、今何ができるか？」と自分に問いかけることで、最も近い幸せの瞬間へと、脳があなたを運んでくれるでしょう。あなたが「幸せを見つける」という命令を脳に送っているからです。そして、それだけであなたの体にはポジティブな生理的変化が起こります。では、サイモンの話に戻って、別の日に何が起こったか見てみましょう。

サイモンは、「今日はもっと幸せな時間を持ちたい」と思い、今日の残りの時間で何をするか考えます。「でも報告書を仕上げ、家に帰り、子どもたちをお風呂に入れなければ。あ、今日は月曜日だ。帰宅途中にカー・ラジオであの番組が聴ける」そのお気に入りの番組を聴きながら、交通渋滞を三カ所、道路工事を二カ所くぐり抜け、いい気分で家に着きます。頼んでいたベビーシッターが来られなくなったので、自分の子どもたちのほかに親戚の子どもたちまでたった一人で面倒をみることになりましたが、それでも笑いがこみ上げてきました。サイモンは、みごと、幸せな時間を過ごすことができたのです。

〈ABCアプローチ〉のいいところは、今日を楽しく過ごすのだということを思い出させてくれることです。つまり、しなければならないことに加えて、喜びのため、より良い人間関係のため、楽しい活動のための時間を作るのです。今日感じることができる喜びを明日まで延期しません。

喜びは、引退するまで銀行に預けてある預金みたいなものだと思っていませんか？　今すぐ幸せになんかなれないと思っている人が大勢います。今日あなたがすることを選んだリストに戻ってみてください。他に何か付け加えることはありませんか？　今日あなたはどんな幸せの瞬間を作りますか？　あなたは、落ち着かない気持ちになったかもしれません。多くの人は、自分が今すぐ幸せになれると思っていないからです。そう思う理由が、誰にもあるのです。

たとえば、私たちはそれぞれ、自分の理想の姿を持っています。それはたいてい、家族の影響からくるものです。あなたのおばさんは、あなたに会計士になってほしいと思っています。おじさんは、とうとう会計士の免許を取れませんでした。だから、あなたが会計士の勉強をすることを選んだとき、家族は大喜びします。たとえそれがあなたにとって、あまり嬉しくないことだったとしても。あなたは、すでに成功したも同然です。あなたにとって最も重要なのは、家族を喜ばせることだからです。
こういった影響は、あなた自身のユニークなアイデアや性格と結びつき、さまざまな選択をする際の精神的な背景となります。「よくやったわね。あなたはおじさんをすごく喜ばせたのよ」とおばさんに言われると、あなたは幸せになれます。

クイズ　あなたは、次のうちのどんなときに、最も幸せを感じるタイプですか？

a　クレジットカードの残高が二千ポンド（約二六万円）を切っている。でも、今月分の支払はもう済んでいる。
b　重要な意志決定に際し、職場のチームがあなたの意見に賛成してくれたとき。
c　他人が、あなたの車（またはボーナスの額、またはゴルフスイング）を、ひどくうらやましがったとき。
d　子どもたち全員が、大学で優秀な成績を取ったとき。

もしあなたが、「私は○○のときだけ幸せだ」というものを持っていたら、あなたはがっかりすることが多くなるかもしれません。あなたの〈しあわせプラン〉は、あなたが変わる方法であると同時に、このことを理解するガイドにもなるでしょう。もう少しやってみましょう。

エクササイズ **あなたが幸せになるために、整っていなければならないことは何ですか？**

それをここに書き出してみましょう。

そのための前提条件は何ですか？（最初のエクササイズ「あなたが最も幸せなのは、どんなとき？」で書いたことを見直してみてください）

「私が幸せになるためには……でなければならない」

幸せの前提条件のうち、あなたのコントロール下にあるのは、どれくらいだと思いますか？　一〇段階評価で答えてください。

あなたのコントロール下にないのは、どれくらいだと思いますか？　これも一〇段階評価で答えてください。

今、あなたは、どれくらい自分の幸せをコントロールしていますか？　一〇段階評価で答えてください。

ところで、私は、長年さまざまな個人や団体と一緒に活動して、彼らが幸せになるにはどうしたらいいかを考えてきました。そんな中で、あまりにも多くの人が、ある一つの固定観念を持っていることに驚きました。

「いまさら幸せになることなんて期待していません。私はもう年を取りすぎました」とか、**「私**

には子どももいますから、自分自身の個人的な幸せはそれほど重要ではありません」などという言葉を、私は何度となく聞かされました。

あなたも、ある限られた条件の下でだけ人は幸せになれるのだと思い込んでいるのではありませんか？　あなたの幸せの前提条件は何でしょう？　もしそういうものがあるなら、幸せへの道のりは厳しいものになってしまいます。

もっと幸せになるために、今すぐ考えてみてください。あとで考えようというのはだめです。まずは簡単なことから始めましょう。あなたを暖かい気持ちにしてくれるのは、何、または誰ですか？

エクササイズ　あなたの人生のどこが好きですか？

1　あなたが最も幸せなのは、どんなときですか？　できるだけ詳しく書いてください。あなたは何をしていますか？　どこで？　誰と一緒に？

今回は、最初のエクササイズで書いた答えを見ないで、今あらためてここに書いてください。

「私が最も幸せなのは……」

2　これを実現するためには、どういう前提条件がありそうですか？

「私が本当に幸せになるためには、次のことが整っている必要がある」

3　その他に、自分の人生のどこが好きですか？

あなたは誰を愛していますか？

あなたは誰に愛されていますか？

他に愛していることはありますか？

４　あなたが幸せになったとき、その影響を受ける人が誰かいますか？　それは誰ですか？　また、どういう影響ですか？

「私が幸せ（あるいは不幸せ）であるとき、以下の人物が関係している。また、それは彼らに以下のような影響を与えている」

5　幸せになれることをもっと実行するためには、何を、どう変える必要がありますか？

「私がもっと幸せになるために、まず変えなければならないのは……」

「次に変えなければならないのは……」

「その次に変えなければならないのは……」

6　このエクササイズをやってみて、最終的に気づいたことは何ですか？　それは、あなたがこれまで思ってもみなかったことですか？

「私は今回、以下のことに気づきました」

このように、幸せについて書き、今の状態を明らかにすることは、少しエネルギーのいることです。あなたが、「私が最も幸せなのは、どんなとき？」と素直に自分に尋ねると、うまくいけば、もっと多くの考えが浮かんでくるでしょう。
もう一つの方法は、逆の質問をすること、つまり不幸について考えることです。

エクササイズ　あなたを最も悩ませているのは何ですか？

1　あなたが最も幸せでないのは、どんなときですか？　できるだけ詳しく書いてください。
あなたは何をしていますか？　どこで、誰と一緒に？

「私が最も幸せでないのは……」

2　どうすればそれが起こりますか？　それが起こるためには、どういう条件が整っている必要がありますか？

「私が本当に不幸せになるためには、普通、次のようなことがある」

3　他に、人生のどこが嫌いですか?

「私の人生で他に私が嫌いなところは……」

自分はどんなときに不幸せなのかについて書くことのほうが、簡単な場合もあります。私たちが、生来「あらさがし」が好きだからでしょうか？　それは私には分かりません。ともかく、ここまでやって、あなたの状況が少し明らかになってきました。

今日、もっと幸せを感じるために、できることが何かありますか？　ある？　結構。それは何ですか？

- 幸せな記憶を再生することですか？
- 大切な人と話すことですか？
- 一〇分間、外の新鮮な空気を吸うことですか？
- ストレッチ運動と深呼吸をすることですか？
- 誰かにものを頼むことですか？

右の例の他にもそういったものがあれば、書き出してみてください。

B：今すぐ始めてください。まず何から始めますか？

日々の暮らしの中に幸せを取り込む方法を見つけたら、いよいよ行動開始です。〈ABCアプローチ〉の中でも、ここがきわめて重要なところです。どのようにすればいいか、アイデアをいくつかご紹介しましょう。

一つは、今日一日のうちにすることのリストをもう一度読み、それに優先順位をつけ、一番やりたいことからやっていくことです。

もう一つは、まず簡単なことを一つ始めること。時間と手間をかけずに、すぐに取り掛かれることを、とりあえずやってみてください。何かにトライしながら、一日がもうちょっと幸せになるように、少しずつ調整していけばいいのです。

別掲の表「簡単な目標」を参考にして、二つの側面についてよく考えてください。

1　もっと幸せになるために、あなたが起こしたい変化。前に行った、「魔法の杖」の質問で何が分かりましたか？

2　それぞれの変化は、起こすのがどのくらい難しいですか？　もしくは、やさしいですか？

どのプランにも、簡単で、達成しやすい目標が整えられています。あなたがすぐに達成できて自信をつけられるようにです。次ページの表を使って、物事をやる優先順位を確認し、できるだけ簡単なことからやっていってください。そうすれば、あなたの幸せは、すこしずつ大きくなっていくことでしょう。

別掲の「ジョンの例」も参考にしながら、あなたも自分の目標を書き込んでみてください。

【簡単な目標】

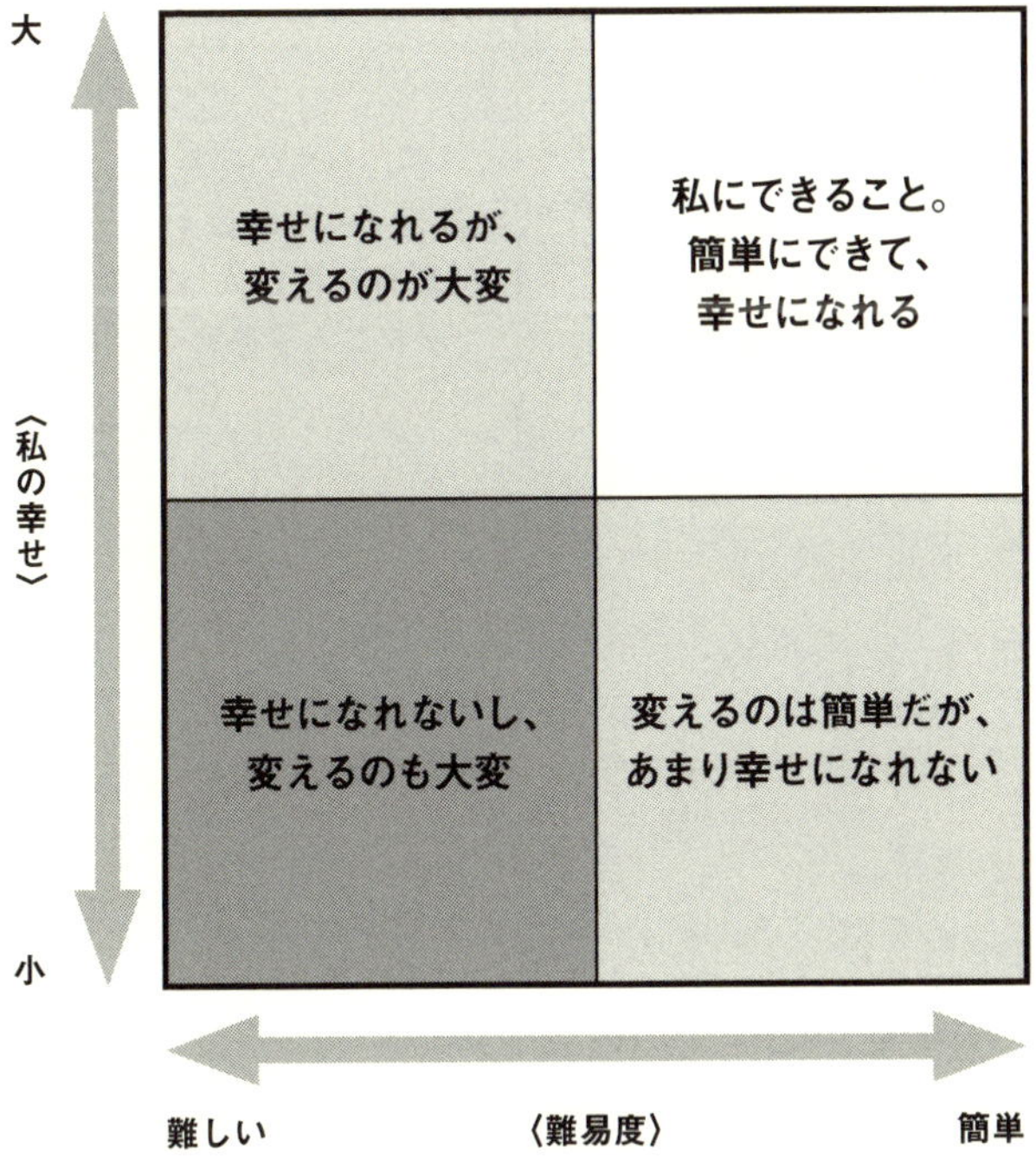
大
〈私の幸せ〉
小
幸せになれるが、
変えるのが大変
私にできること。
簡単にできて、
幸せになれる
幸せになれないし、
変えるのも大変
変えるのは簡単だが、
あまり幸せになれない
難しい
〈難易度〉
簡単

【簡単な目標】

ジョンの例：自転車に乗る時間をもっと取りたい

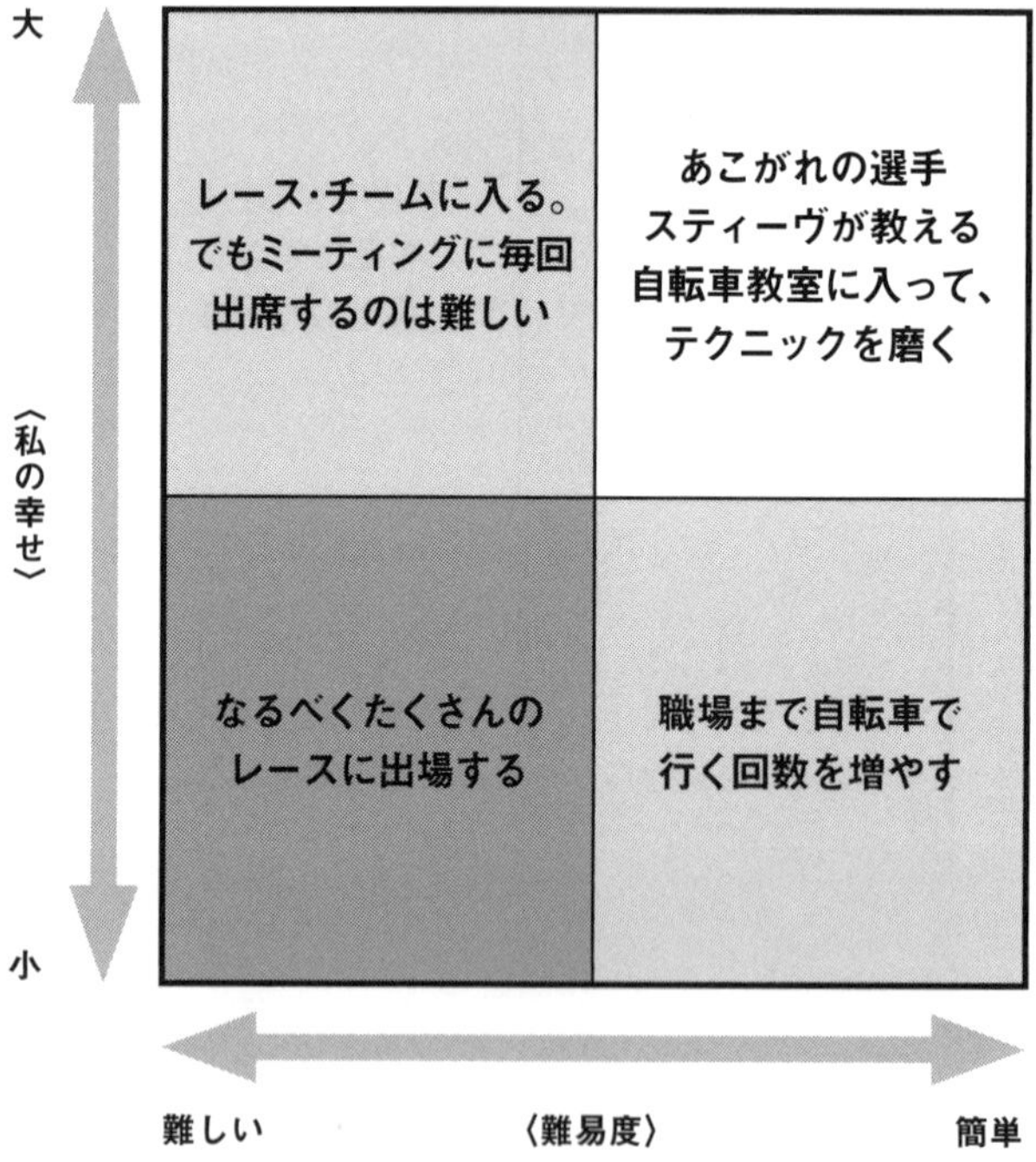
大
〈私の幸せ〉
小
レース・チームに入る。でもミーティングに毎回出席するのは難しい
あこがれの選手スティーヴが教える自転車教室に入って、テクニックを磨く
なるべくたくさんのレースに出場する
職場まで自転車で行く回数を増やす
難しい
〈難易度〉
簡単

【簡単な目標】

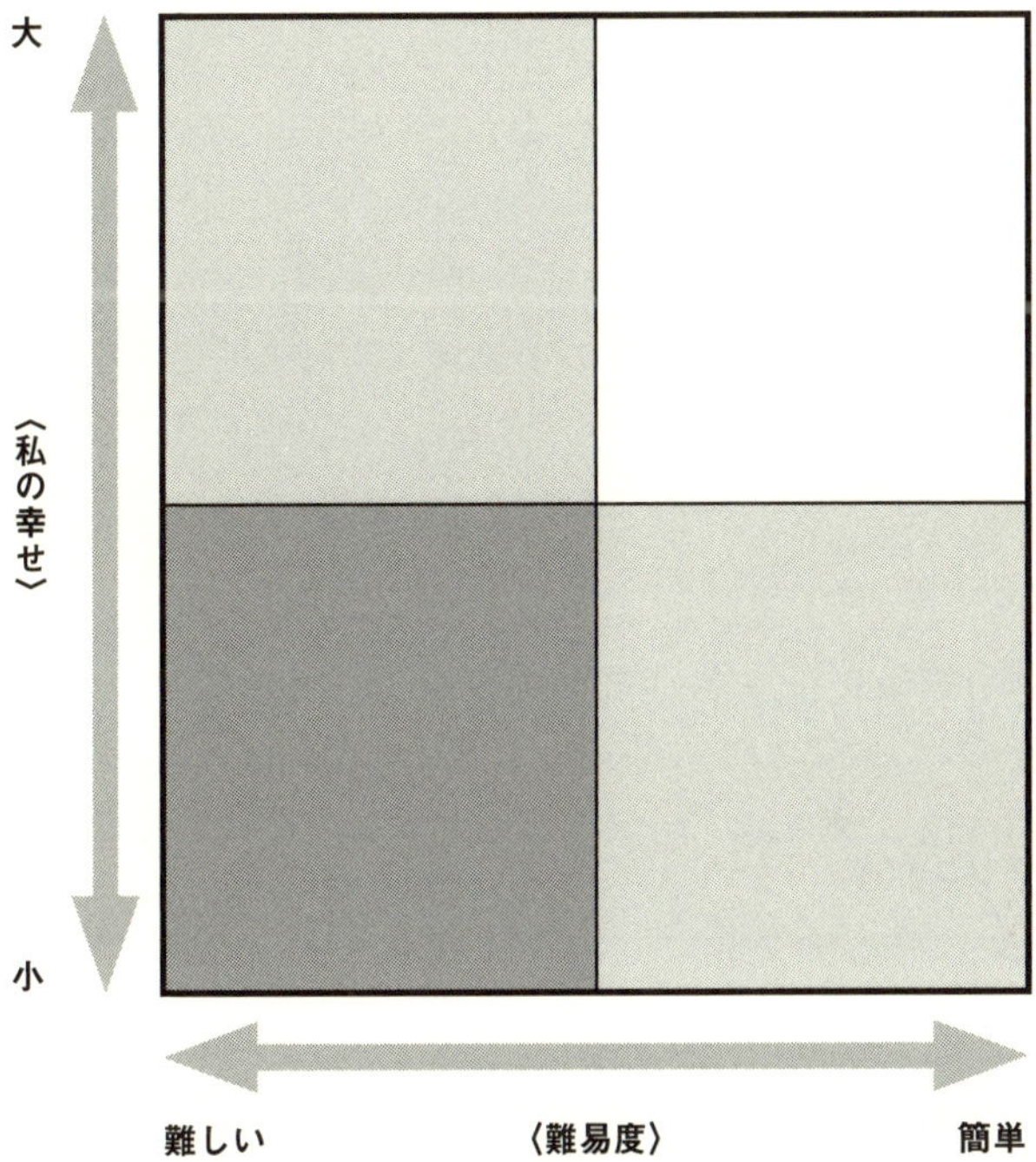

幸せになりたいならやめるべき10のこと	
01	しかめ面をする。
02	他人まかせで一日を過ごす。たとえば上司、家族、ニュースの気象予報士。
03	他人が自分を裏切るのではないかと考える。
04	自分に向かって自分のことを悪く言う。 (たとえば、鏡を見て「今朝はひどい顔をしているな」とか)
05	どうして他人は、いろんなことを知っているのかと考える。
06	忙しいからといって、他人を無視する。
07	基本的なことを怠ける（たとえば、夜更かしする、ジャンクフードを食べる、一日じゅう家にこもってまったく運動しない、など)。
08	過去の失敗について、くよくよ考える。
09	一番の親友にお金を無心したり、頼みごとをしたりする。
10	すでに辞めた仕事の、いやだったところばかり考える。

あなたは、今の生活のどこを一番変えたいですか？　いくつでも挙げてください。それらをするのは簡単ですか？　それとも難しいですか？　直観で答えてください。

1　変えるのが簡単である
2　変えたり、ランク付けしたりするのは難しい

シンプルに、あなたの心を沈ませるようなことは、やめてしまいましょう。そして、あなたの心を明るくすることをするのです。

先ほどの、あなたの「簡単な目標」の図を見てください。右上の「より簡単で、より幸せ」の欄には、今どんなことが書いてありますか？　それをやってみてください。あなたは何を変えたいですか？　まず、簡単なものを選んでやってみるのです。

なかなか実行に移せないときには、こんなふうに考えてみてください。「あまり心配しないで。『物事がうまくいっていないような気がずっとしていた。するとあるとき、それが現実になった』と言っていたのは、ウッディ・アレンだったかしら？」

物事は自然とうまくいくようになるものです。ですから、楽しむつもりで気軽に始めてください。ところで、あなたの日々の幸せに影響を与えているもので、外的な要因はありますか？　そ

れは何（または誰）ですか？　その影響の大きさはどれくらいですか？　一〇段階（一が最も低い、一〇が最も高い）で評価してみてください。

私は、日々の幸せが以下のことに影響されていると思う。

いろいろな人

まわりの環境

その他のもの

さあ、ここまでやって、始めるための優先順位のイメージを描けましたか？　走り書きでもいいですし、頭の中で考えるだけでもかまいません。

ここでの目標は調べることであって、満点を取ることではありません。それにしても、自分の幸せが誰に影響されているかという問題は、とても興味深いものです。

C：プロセスを続けましょう

あなたが何かをやり始めたとき、それによってどう感じたかということに注意してください。いつも気にかけていながら、なかなか話しかけられなかったあの人に、思いきって声をかけてみたのですか？　おめでとう。小さな変化を起こせたことを喜んでください。

子どもに本を読んであげるために、仕事から早く帰るようにしたのですか？　幸せの入る余地を多くしたことによって、心は幸せであふれ、涙腺が開いたことでしょう。

自分の心に驚くほど豊かな起伏があることに気づいてください。逆に、やりたいことがすべてできなくても、決して自分を責めてはいけません。これはあくまで、「幸せになるため」のプランなのですから。

時が経てば、やり終えたことが増えてきて、自分が何によって幸せを感じているのかが、さらによく分かります。

それは、もしかしたらあなたが思っていたこととは異なることかもしれませんが、それに対して穏やかでオープンな心を持ち、柔軟な態度でいてください。

通勤途中や、歯磨きをしているあいだに、できるだけ自分に問いかけるようにしてください。これを日課にしましょう。自分に問いかける良い質問とは、次のようなものです。


人生にはときに、言葉で言い表しようのない、達成の瞬間がある。それは、言葉という記号によって完全に説明することができない。その意味は、音にならない心の言語でしか表現できないのだ。

――マーティン・ルーサー・キング（米国の牧師・黒人解放運動家）

- 私には何が必要だろう？
- 今日は、どんな楽しいことができるかな？
- 今の気分はどう？
- 今日は、どんなことで元気になれるだろう？
- 誰とおしゃべりしようかな？

こんなふうに、しょっちゅう自分に話しかけていると、次第に、自分が今何を求めているかを敏感に感じ取れるようになります。そして、自分がどう感じるか、何をする必要があるかを、もっと意識するようになるでしょう。これは、あなたが〈しあわせのプラン〉を立てるにあたって、本当に大きな前進となります。

あなたが、この日課を実行すると、いずれ〈ABCアプローチ〉が効果をあらわします。そして、次のような変化が起こるでしょう。

- 自分を批判する気持ちが減って、やる気が高まり、自分に対してポジティブな感情を抱くようになる。それによって、やりたいことができるようになり、もっと楽しめるようになる。
- その日に何をするか、毎日意識して自分で選択し、はっきりした目的意識を持てるようになる。

・〈幸せのもと〉に集中できるようになり、それによって日々の幸福感が高まる。
・人間関係を、楽観的で柔軟な目で見ることができるようになる。たとえば、他人の視点で世の中を見ることができるようになり、みんなの利益を考えることができるようになる。

充実した幸せな毎日を送っている人というのは、幸せを選ぶこと、幸せになるプランを立てることを心に決めたのだと思います。だからといって、そういう人は失敗をする確率が低いとか、最悪の事態が起こる可能性が低いというわけではありません。

彼らは、できる限り幸せな人生を送ることに決めただけなのです。そして、幸せな人生を創り出すために、人生のさまざまな側面に優先順位をつけたのです。

自分の声に耳を傾けることができるようになったら、次に進む準備が整いました。〈しあわせプラン〉を実行する技術を、さらに磨いていきましょう。

幸せは、自分の考え、発言、行動がすべて一致したときに訪れる。

――マハトマ・ガンディ（インドの政治主導者）

Step 03

自分だけの〈しあわせプラン〉を作る

幸せのもと

幸せは、〈幸せのもと〉からきています。

私は、四歳から一二歳までの子どもたち数人に、次の質問をしました。「あなたが一番幸せなのは、どんなときですか?」子どもたちの答えは、こうでした。「楽しいことをしているとき」スポーツをするのが楽しい、友だちといるのが楽しいなど、子どもたちの幸せは、楽しみからきていたのです。では、私たち大人の幸せはどこからくるのでしょう?

国家レベルで考えると、国の経済が落ち着いていて、自分の自由が守られているとき、私たちは幸せです。私たちは高い教育を受け、良い就職口を探し、生計を立てます。でも、そういうものは〈幸せのもと〉でしょうか? この質問に答えるためには、あなたという人間を深く調べなければなりません。〈幸せのもと〉は、あなたの好み、あなたの目標、あなたの願望と深く関わっているからです。

すべての人に共通する、幸せの源があります。家族や恋人との関係がうまくいっていることです。誰にとっても、これが一番大切です。あとは、特別な順番はありません。

・仕事。たとえば失業は、失望や自信喪失と密接な関係があります。
・人との付き合い。水曜の夜はビンゴ大会、木曜の夜は飲み会。(忙しいですよね?)
・結婚しているか、していないか。結婚は〈幸せのもと〉になります。
・スポーツをする、楽器を演奏する。
・ボランティア活動、他人の役に立つ活動。

すでにある幸せを感じ取る

ある喜びを手に入れるために、一生懸命働いているとします。でも、その喜びを充分感じるには、仕事の手を休めて、リラックスしなければなりません。そうでないと、喜びの種が目の前にぶら下がっていても、それを存分に楽しむことはできないのです。

私たちは、過去や未来に気を取られがちです。過去の記憶を再生して罪悪感でいっぱいになったり、自分の行く末を夢想したりします。過去や未来のイメージが膨らみすぎて、私たちは現在のことに集中できなくなっています。でも、幸せになりたいと思うなら、現在のことに集中しなくてはなりません。幸せを感じることは、一つの感情です。感情というものは、今（現在）しか感じられないからです。

ですから、次のようなことを心配するのはやめましょう。

- 翌週の仕事のこと。
- 次の週末に訪ねてくる義理の両親のこと。何をしに来るのか分からずイライラする。
- 兄弟姉妹と仲たがいし、それ以来もう長いこと彼らに電話していないこと。
- 退職したあと何をしたらいいかということ。

明日はもうすぐそこまで迫っているのだから、「明日になったら何をするか」を決めておく必要があると思う人も多いでしょう。でも、本当にその必要があるのでしょうか？　明日しなければならないことのプレッシャーによって、私たちはいとも簡単に今日を生きるのを忘れてしまいます。でも、楽しいことがあるのは、明日ではなく今日なのです。

勘違いしないでください。明日の幸せを目指す根気や忍耐力を批判しているのではありません。ただ、あなたは今日、幸せになれるのだと言いたいだけです。

〈幸せのもと〉を今すぐ楽しむことができるなら、いずれにしろ明日だって同じように楽しむことができるのです。あなたが今すでに持っている〈幸せのもと〉に目を向けるときがきたのです。

あなたの〈しあわせプラン〉を考えるために、まず今のあなたのことを、よく考えてみましょう。

あなたは自分の味方ですか？

心理学者のドロシー・ロウは、自分に正直でありたいという人間の強い欲望について述べています。自分の信条や価値観に従うことは、自尊心や自信と同じくらい、私たちの幸せに大きな影響を与えると言うのです。

「あなた自身との関係」、つまりあなたが自分自身とどう向き合っているかを知ることは、簡単なことではありませんが、以下の三つ

あなたと世界との関係は、
あなたと自分自身との関係と同じだ。

——ドロシー・ロウ（豪州の心理学者）

の質問がアイデアを与えてくれるでしょう。

1　あなたは、たいてい自分との約束を守りますか？（五時に仕事を終える、何時までに家事を終わらせる、といった約束）――イエス？　ノー？

2　考えごとをして、一人で時間を過ごすのが好きですか？　――イエス？　ノー？

3　自分の将来を楽観的に考えていますか？　それとも悲観的に考えていますか？

幸せになる能力を伸ばせれば、他人とより親しく、より暖かい人間関係を築くことができます。その能力を調べる方法をご紹介します。

クイズ　あなたは自分の味方ですか？

1　あなたは夜、仕事仲間と街へ繰り出しますが、うっかりして会社に財布を忘れてきてしまいました。さて、あなたはどうしますか？

a　上司以外の誰かに、その晩のお金を借りる。

b　皆に事情を話して、財布を取りに戻る。
c　家に電話して、妻あるいは夫に頼んでお金を持ってきてもらう。
d　その場から消える。皆に知られないようにこっそり家に帰り、あとで仲間の一人に電話をして「これから皆でうちに来てくれよ」と言う。

2　日曜の朝、車で街まで出かけ、パーキングメーターのところに駐車します。ところが、お金を入れるのを忘れて買い物に行き、戻ってきて駐車料金を払えという警告に気づきます。あなたはどうしますか？

a　ため息をつき、「なんでお前はこんなにまぬけなんだ！」と近くのショーウインドーに映った自分に向かって大声で言う。
b　「きっと疲れているせいだ。でも、いいじゃないか。こんなこと、しょっちゅう起こるわけじゃないさ」と思う。
c　やけになって買い物袋を振り回しながら交通監視員を追いかける。
d　「もう二度と自分を信用するまい」と車に乗ってから泣く。

「自分は自分の味方なのか?」これは、まったく新しい視点かもしれません。自分の内にひそむ考え方に気づいている人など、ほとんどいないからです。では、私たちは、何をしたらいいのでしょう? とても単純です。もっと幸せになろうと決意することです。

あなたが〈しあわせプラン〉を立てると決めたとき、どんな人生があなたにのしかかっていようと、幸せになるという決意をしたのです。考え事をしているとき、心の中で自分と話しているときなど、一日のあちこちに点在する静かな時間を、幸せになるという決意で埋めてください。

本章では、このやり方を見つけるお手伝いをします。

最も重要な人(あなた自身)からの励まし

フランス人の作曲家ドビュッシーは言いました。「音楽とは、音符と音符のあいだにある隙間のことだ」

あなたの人生の〈隙間〉では、どのような音楽が演奏されているのでしょう? 明るい音楽ですか? それとも暗い音楽でしょうか?

電車やマイカーでの帰宅途中、あなたは何を考えていますか? この時間は、活動と活動のあいだにある休止時間、つまり「やらなければいけないこと」のあいだにある〈隙間〉です。

あなたは、そこに何かがあるとは思っていないでしょう。少なくとも、何か大事なものがあるとは。あなたはとても忙しく、周りの人々の要求に応えるだけで精一杯だからです。このこと自体が問題です。あなたの人生を動かしているのは、いったい誰なのでしょう？

あなたは幸せになりたいですか？　では幸せになる決意をしてください。食べる決意、眠る決意と同じくらい強い決意です。

実は、この〈隙間〉は、とても貴重な空間です。でも、それに気づいている人はあまりいませんし、そこで起こることをコントロールしている人もほとんどいません。「自分が泳いでいる水に気づいている魚はいない」ということわざのとおりです。

私たちは、この〈隙間〉を良いこと、つまり励みになる考えで満たすことができます。その一方で、厳しい自己批判で台無しにすることもできますし、過去の傷で縛り付けることもできます。ただ私たちは、水の中の魚と違って、その〈隙間〉に何があるか、その中身を意識することができます。そして、長い年月をかけて少しずつ、その空間に最良の中身を蓄えることができるのです。

心の中で思っている通りに
人は生きる。

——箴言（旧約聖書）

〈隙間〉の最良の中身は、幸せになるという決意です。けれども、魚とそれが泳ぐ水のように、〈隙間〉とは何かを理解するのは簡単ではありません。それを理解するのに役立つことをお教えしましょう。まず、以下のいずれかの状況にいる自分を想像してください。自分をそこに置き、〈隙間〉で何を考えているかに注意してみてください。

- 通勤途中で、渋滞に巻き込まれている。「私は今、何を考えているだろう？」
- 上司が会議で新しいプロジェクトの説明をしている。「私は今、何を考えているだろう？」
- 大好きなテレビドラマを見ている。「私は今、何を考えているだろう？」
- 子どもたちが食事をしているが、いつもと違って静かだ。私は片づけものをしている。「私は今、何を考えているだろう？」
- 恋人が先に眠ってしまった。「私は今、何を考えているだろう？」

こんなとき、あなたは何を考えていますか？　外から聞こえてくる鳥のさえずりに耳を傾けていますか？　それとも、最近したひどい口げんかの内容を思い出していますか？　〈隙間〉で考えていることは、ポジティブな内容ですか？　それともネガティブな内容ですか？

ネガティブな空間 vs ポジティブな空間

あなたは、職場に向かって車を運転しながらラジオを聞いています。車の流れは平常どおりです。窓の外を眺め、とりとめもないことを考え始めます。

「今日は、なんてひどい顔をしているんだ。午前一時まで映画を観るなんて、どうかしてるよ」

「この車ときたら、まったくひどいもんだ」

〈隙間〉は、皮肉や不平で満たされました。こういった言葉は、ネガティブな空間を創り出します。スーザン・ジェファーズ博士は、この声を「内なる批評家」と呼びました。内なる批評家は、あなたの〈隙間〉を乗っ取り、それをネガティブな言葉で満たします。その結果、職場へ向かうあいだの気分は暗く、一日の良いスタートをきることができなくなりました。

もう一つ例をあげてみましょう。あなたは友人とラグビーの試合を観戦しに出かけています。あなたは長いあいだこれを楽しみにしていました。満員の観客のざわめき。グランドは、試合への期待感で満ちています。こんなとき、あなたの〈隙間〉には、どんな考えがありますか？

「ちぇっ、カメラを持ってくるのを忘れたよ。俺はなんて馬鹿なんだ。ここぞというときにカメラを忘れるなんて。こんなこと、これまで一度もなかったのに。なんでこんなまぬけになっちまったんだ？」

「マークは僕のことを避けているみたいだ。本当は僕にここにいてほしくないんじゃないか？」

「家に帰ったら、女房がうるさいだろうな。試合のあと、このまま飲みに行くから」

「なんてすばらしい雰囲気なんだ。チケットが取れて本当によかった」

「家を出る前に、子どもたちを首尾よく水泳教室に送り届けることができた。本当によかった」

「なんて素敵なんだ。僕、スティーブ、マークがこの観客席にいるなんて。計画どおりだ」


試合を楽しむことにつながるのは、どんな考えでしょう？

〈隙間〉でネガティブなことを考えていると、実際にネガティブなことが起こります。ある研究によると、離婚にいたる夫婦は、離婚前に、ポジティブなこと一つに対し、ネガティブなことを五つ互いに言い合っているというのです。これによって、研究者たちは、離婚を予言できると言います。この五対一の割合は、別の状況にも当てはまります。

五対一の例：エリックの場合

1 「やれやれ。また寝坊してしまった。なんて馬鹿なんだ」
2 「なんで職場にかばんを忘れたりしたんだ？　あのファイルが必要だったのに」
3 「とはいえ、会議の事前資料は全部読んだ。だから重要な項目は理解できる。よかった」
4 「ジョンが主催する会議にはいつも遅れてしまう。来週、私が進行役を務めるときは、さすがに遅刻を大目に見てはくれないだろうな」
5「このシャツとネクタイの組み合わせは、なんだか変だ。寝る前にコーディネートを考えておけばよかった」
6「まずい、バスに乗り遅れた。なんでもっと早く家を出なかったんだ!」

あなたの場合、自己肯定的な考えと自己批判的な考えの割合は、どのくらいですか? ネガティブな考えが多いと悲観的になり、振る舞いまで暗くなってしまいます。

大事な試験の準備をしている、ある学生を例にとってご説明しましょう。

ネガティブな心の空間

やましさは、ネガティブな空間を創り出します。「なぜもっと一生懸命やらなかったんだ?」

これはネガティブな感情を引き起こします。「このテストには本当に悩まされた」

そして、期待感が薄れます。「通っても、ぎりぎりだろう」

これによってあまり努力しなくなり、意志も弱くなります。「どうせ受からないんだ」

それがお粗末な結果へとつながっていきます。「不合格か。思ったとおりだ」

それは再びやましさにつながります。「もっと勉強しておけばよかった」

そして悪循環は続きます。

ありがたいことに、逆もまた真なりです。ポジティブな考えは、楽観主義を生み出します。そしてそれは、良い結果や健康など、良いことを引き起こすのです。

ポジティブな心の空間

自分を励ますような考えは、ポジティブな空間を創り出します。「僕はベストを尽くした」

これはポジティブな感情を引き起こします。「このテストに関しては、安心している」

そして現実的な期待が生まれます。「たぶん合格できるだろう」

それは大きな努力と強い意志につながります。「もっと良い点数で合格することを目指そう」

それが良い結果へとつながっていきます。「テストに合格した。望みどおりだ」

それはさらに励みになる考えへとつながります。「この勉強は、すごく楽しかったな」

そして良い循環は続きます。


ポジティブな考えを選んでいくと、それによって人生は良い方向に進んでいきます。逆に、ネガティブな自己批判を選ぶこともできます。どちらも、あなたの選択によるのです。

〈隙間〉にどんな考えがあるかに気づく

ポジティブな空間を作るのが大事だと分かったら、それを作る手順を綿密に考えていきましょう。まず、一日のうちのどこに〈隙間〉があるか、洗い出します。次に、それぞれの〈隙間〉で自分がどんなことを考えるか、よく注意していてください。その内容は、必ずメモしておきましょう。何よりもまず、自分の空間で起こっていることを意識することです。

エクササイズ　〈隙間〉を意識する

車を運転しているとき、シャワーを浴びているとき、会議が始まるのを待っているとき、犬を散歩させているとき、夕食を作っているときなど、どんな〈隙間〉でもかまいません。それを書き留めて下さい。

これらの時間に頭によぎる内容に、よく注意してください。最初は、なかなか意識することができないかもしれませんが、がんばってください。

あなたが書き出した〈隙間〉では、どんなことを考えていましたか？

それはポジティブな内容ですか？　それともネガティブな内容ですか？

他にどんな〈隙間〉がありますか？

その〈隙間〉では、どんなことを考えていましたか？

それはポジティブな内容ですか？　それともネガティブな内容ですか？

何か思考のパターンがありますか？

このような心の背景は、あなたの幸せにとって、とても重要です。〈隙間〉で考えていることを意識することができれば、その内容がポジティブか、それともネガティブかを判断することができます。

あなたの〈隙間〉を幸せな場所にする

ここまでに、自分の一日には何度か〈隙間〉があって、そこで自分がどんなことを考えているかが分かりました。

次のステップは、この〈隙間〉を〈幸せになろうという気持ち〉で埋めることです。何が起きていようと、いつも〈幸せになろうという気持ち〉でいることです。つまり、〈幸せになろうという気持ち〉でいることを、普通の状態にするのです。

たとえば、毎朝のことを考えてみてください。この場合、あなたにとって、〈幸せになろうという気持ち〉はどのようなものですか？

「おいしくて栄養のある朝食を食べ、忘れ物をしないで家を出ること」であれば、あなたは前の晩に着ていく服とカバンの準備を整えようと考えるでしょう。あなたの頭は、あなたの気持ちの内容に合った方法を教えてくれます。

一日を気持ちよく始め、もっと幸せになってください。

幸せのもう一つの源は、自分に誠実でいることです。自分はどんな人間か、自分にとって何が大切かを知り、それを大事にするのです。

自分にとって重要なことに、人生の方向性を定める

あなたの信念、あなたの考え、あなたの日々の生活を、「本当のあなた」に合わせることは、とても大事なことです。これは、人間関係、仕事のキャリアなどにおいて、成功を勝ち取るためにも必要なことです。

あなたの日常の活動を、内に秘めた願望と一致させるよう努力することは、〈しあわせプラン〉の役目です。あなたが人生から本当に何を得たいかを見つける方法でもあります。

数年前、私は企業のシニア・マネジャー向けに、指導力養成のためのプログラムを企画しまし

た。このプログラムは、自分自身に忠実であることの大切さに注目していました。

私は、参加したマネジャー一人ひとりに、次の三つの質問をしました。彼らが個人として最も大事にしていることは何かを探るためです。あなたもやってみてください。

質問1：書店に閉じ込められたら

もしあなたが大型書店に三時間、一人で閉じ込められたら、書店のどの売り場にいたいと思いますか？（複数回答可）　また、それはなぜですか？

質問2：受賞式の様子

あなたはスポットライトを浴びながらステージに立っていて、すばらしい賞を受けようとしています。あなたが尊敬している人たちが、あなたに向かって拍手喝采しています。あなたは何で表彰されているのでしょう？　また、それはなぜですか？

質問3：天国でのコメント

自分は今、天国に着いたところだと想像してください。歓迎を受けた後、あなたは一枚の紙を渡されます。そこにはあなたの名前と短いコメントがあり、生きていたときのあなたに関する最も重要な情報が書かれています。さて、そこにはどんなことが書いてあるでしょう？

自分がどんな人間かを探るのは、やりがいのある作業です。ぜひこの作業をやってみてください。自分にとって何が大事なのかが分かっていれば、本当の希望に沿った〈しあわせプラン〉を簡単に作ることができます。

たいていの人は、自分にとって、ちょっと思いがけない仕事についています。そして、自分は、現在の役割に最適任というわけではないと感じています。これはよくある、普通のことです。ただ、問題は、自分がどんな人間かということについて、どこまで他人の言葉を受け入れてもいいかということです。

誰か他の人の夢を実現することは、成功とは言えません。あなたの価値を犠牲にして目標を達成することは、成功ではないのです。ほめられたときに、うそをついているように感じるとしたら、それは成功ではありません。

では、ユニークですばらしい自分に誠実になることによって、幸せを手に入れるには、どうすればいいのでしょう?

他人に、「あなたはこういう人だ」と言われたら、あなたはそれを受け入れますか? たとえば、次のようなことです。

あなたの上司は、「君は商談がうまいね」と言います。すばらしい。あなたのことが少し明らかになりました。

子どもたちは、「パパは面白いよ。いつも僕たちを笑わせてくれるんだ」と言います。また少し見えてきました。

あなたの父は、「お前は、プロのサッカー選手になった兄を超えられなかったな」と言います。またまた少し見えてきました。

こういうことが、すべて参考になります。最終的に、あなたは自分がどんな人間だと思いますか？　そのあなたにとって、大事なことは何ですか？

前の三つの質問を振り返ってみてください。そして、本当のあなたを表す三つの形容詞を考えてください。

あなたにとって大事なことをあげてみてください。たとえば、正直であること、人の先頭に立つこと、活発であること、誠実であることなどです。

それから、心に秘めた希望や夢。たとえば、友人たちとバンドを結成し、いつかステージに立つことなどです。

さて、今日からあなたは、自分にとって大事なことにもっと時間を使おうと決意したとしましょう。では具体的には何をしますか？　次ページからのエクササイズで確認してみてください。

エクササイズ

何が一番大切か？

1　私にとって何が最も大切か？

人生全体について

仕事に関して

2　実際の私の一日はどんな感じ？

家で過ごす典型的な一日――私が家でいつもしていることは……

職場での典型的な一日――私が職場でいつもしていることは……

3　私はどんな野心や希望を心に秘めているか？

人生全体について

仕事に関して

以上の質問に対する答えを一通り書き終えたら、自分自身の一番の親友として客観的な視点で読み直し、整理していきましょう。

	1	2	3	4	5
私にとって最も重要なこと					
私が実際にしていること					
私の夢・希望（秘密であってもなくても）					

それではここで、あなたのために、「悪い気分から抜け出す10の方法」をお教えしましょう。
もし、それでもだめなら、以下にあなたの気分が悪い理由を書き出してみましょう。

「私は今、本当に気分が悪い。なぜなら……」

次に、逆のことを書いてみてください。「私は今、本当に気分が良い。なぜなら……」

いかがですか？　少しは気分が変化しましたか？

悪い気分から抜け出す 10 の方法	
01	体に良いものを食べ、水を飲む。気分の浮き沈みの激しさは、体が栄養を欲していること、または脱水症状であることが原因の場合が多い。
02	「本当の気持ちは何だろう？」と自分に問いかける。集中することによって、逆に気持ちが落ち着くことがある。
03	目を閉じる。リラックスして、幸せを感じたときのこと、自分に誠実でいられたときのことを思い出す。少しのあいだそのままでいる。目を開ける。仕事を続ける。
04	新鮮な空気を吸う。会社では、五分間オフィスの外へ出る。
05	上司たちが会議から会議へと渡り歩くのは、チャリティのためだと想像する。
06	誰かをつかまえて、その人が聞いたことのある最悪の冗談を教えてもらう。そして、それを他の人に言ってみる。
07	立ち上がって、腕を頭の上まで上げる。五回ほど深呼吸する。「私には何が必要か？」と自分に問う。
08	一番近い壁まで歩く。壁に背を向けて立ち、頭を壁に付ける。次に、あごが胸につくまで下を向く。これは、首の筋肉をのばし、脳を活性化させる。
09	カフェインを断つ。カフェインをとりすぎると、緊張が高まり、睡眠のサイクルが狂って不機嫌になることがある。紅茶やコーヒーを完全にやめる必要はないが、カフェインレスのものにする。
10	手品グッズを買う。ハンカチを使った手品、消えるコイン、ジャグリングなど、なんでもＯＫ。子どもたちを、びっくりさせよう。

「楽しみたまえ！」
私が人生について言えることは
これだけだ。

——ボブ・ニューハート（米国のコメディアン）

Step 04
幸せの習慣を身につける

幸せに反する状況

幸せに反する状況とは、あなたの〈しあわせプラン〉にとって、なんとしても避けなければならない障害であり、幸せに対する完全なるアンチテーゼです。私の場合、次のようなものです。

「人生における悩みの種」と、その対処方法（著者の場合）

・歯の問題
↓ハッピー・ティースを導入（歯科の専門家が開発した、子ども向けの歯科プログラム）。

・簡単に正常な状態に戻せる、社会的な問題（たとえば、子どもたちは朝食をとらず、お腹をすかせたまま登校し、勉強が手につかない）。
↓世の中から飢えをなくす。

・東からの風（オールシーズン、耳にとっては致命的）。
↓帽子をかぶる。

・面白い冗談なのに言い方が下手。
↓笑うふりをする。

・お金の使い方を誤る（たとえば、食料品以外の買い物）。
↓財産管理についての本の、最終章を読む。

・連絡の取れない友人（引っ越したのか、亡くなったのか、自分を避けているだけなのか？）。
↓事情通の友人に電話する。

・夏の日の病院（暑い時期に、麻酔なんかかけられるべきではない）。
↓アイスクリームを持って行く。
・今年じゅうにやりたいことと、実際にやれることに、かなり大きなギャップがある。
↓だいじょうぶ。まだ今年は終わっていない。

幸せに反するということは、不幸せと同じではありません。それは、心地よい不機嫌です。親しい友人たちに、週末はどうだったかと尋ねてみてください。「おかげさまで、本当に楽しかったよ」と「イマイチだったよ」は、四対六で意見が分かれるでしょう。

私たちの文化では、どういうわけか、幸せは少しうさんくさいものと思われています。だから、外で良い思いをした日は、帰路でひどい目にあい、つりあいを取っているのでしょう。幸せな家庭生活が長く続くと、それはいずれ激しい苦しみに中断されるのです。なぜそうなるのか、私には分かりません。まるで、レーダーで探知されているかのようです。私たちは、あとで失望しないように、あらかじめ「人生は厳しいものだ」という考え方を採用しているのでしょうか？　でも私のアドバイスは、もっと幸せになるという決意をすることです。

悲観主義は、ある意味で居心地良いものですが、人生において、いつも私たちの味方というわけではありません。あなたが世の中をけなせばけなすほど、あなたは世の中を楽しめなくなります。大きな不平を打ち明けてさっぱりするということは、ときに必要ですが、常に物事のネガティブな側面ばかり見るというのは、決して私たちのためになりません。楽観主義と悲観主義には、考えられている以上の決定的な違いがあるのです。

『楽観主義と悲観主義が幸せに及ぼす影響』

数年前、私は、二〇名の管理職の人たちを集めた一週間のセミナーで仕事をしました。このセミナーでは、トレーニングとして、ドキュメンタリー映画の制作をすることになっていました。私の仕事は、制作中の受講生たちをよく観察し、リーダーシップの能力を伸ばすために必要なアドバイスをすることでした。セミナーが進むにつれ、二〇人の受講生たちは、自然と二つのグループに分かれていきました。二つのグループは、全体的に見て、才能、経験、マネジメント能力の点で同レベルでした。ところが、二つのグループが達成した結果には、とても大きな差があったのです。それはなぜでしょう？　楽観主義者と悲観主義者が占める割合の違いが、大きく影響していたのです。

悲観主義者が多いＡグループには、二つの異なる種類の悲観論がありました。

・悲観主義者のうちの数人は、日常の細かいことを心配していました。彼らはしょっちゅう、機材に問題がある、時間が足りない、などと沈み込んだ雰囲気で言っていました。その上、Ｂグループの人たちは自分たちにはない援助を受けていると思っていました。彼らの心配は、必ずしも事実に基づくものではなかったのですが。

・残りの悲観主義者たちは、自分たちは力不足だと考え、悲観的になっていました。この人たちは、私に細かく観察されていることをとても気にしていて、私がそこにいるのは、自分の上司に欠点を報告するためだと固く信じていました。

悲観主義者が七割を占めるＡグループは、とても慎重でした。Ａグループの人たちは、もし失敗したらどうなるのかということを、常に気にしていました。また、失敗をできるだけ小さくするために、何かできることがあるかということを、ずいぶん考えていました。そうして、自分たちの計画には何の欠陥もないということを確認するのに、一週間のほとんどを費やしました。全般的に、神経質で不安な空気が漂い、一つのチームとして作業を楽しんでいるようには見えませんでした。また、Ａグループの映画は、割り当てられた時間内に完全に仕上がったとは、とても言いがたいものでした。

一方、楽観主義者の多いＢグループにも、二つのタイプの楽観論があることに私は気づきました。

・楽観主義者のうち数人は、いつも気分良く、どんな問題が発生しても「たいしたことはない」と肩をすくめて受け入れていました。そして、この一週間のプログラムをできるだけ楽しもうと考えていました。

・その他の楽観主義者たちは、成功したいと強く願っていました。そして、やるからには良い結果を出そうと、やる気を持って臨んでいました。

ただし、Ｂグループがいつも最高の状態だったわけではありません。一週間の流れの中で見てみると、細かいことまで詰めて考えておかなかったために作業をやり直すことになり、時間を無駄にしてしまったこともありました。それでも、このグループは前向きな姿勢を失わず、最後まで作業をやり遂げたのです。

どんなときでもポジティブな気持ちでいられる能力があれば、仕事のプロセスを楽しむことができます。これは、幸せを感じる能力でもあるのです。いつもネガティブなことにばかり目が行くという大きなマイナス面のある悲観主義とは、考えられている以上の決定的な違いがあります。この能力を持っているかどうかは、ほとんど遺伝によって決まってきます。ただし、もともと持っていなくても、努力して変えられることもたくさんあります。もし自分が「反対する人」というよりも「賛成する人」だったらと考えることが、役に立つのではないでしょうか？　「賛成する人」であるということは、ポジティブで楽観的な心の持ち主だということです。そして、「反対する人」であることは、その反対です。

クイズ　**あなたは「賛成する人」？　それとも「反対する人」？**

1　あなたの兄弟または姉妹が訪ねてきて、来月、親戚を集めて父の誕生日パーティを開こうと提案しました。このような提案に対する、あなたの答えに最も近いのはどれですか？

a　いい考えだとは思うけど、無理じゃないかな？
b　そうだねえ。でも、前にやったとき、準備がどんなに大変だったか思い出してみて。
c　いいね。皆にはもう長いこと会っていないし。何か手伝うことがあったら言ってくれ。

2　あなたはある女性と数年間交際しています。最近、結婚の問題が持ち上がってきました。あなたは結婚したいと思っていますが、なかなか結婚を話題にすることができません。彼女はプロポーズを待っているでしょう。あなたが最も考えそうなことは、次のうちのどれですか？

a　仕事で帰りは遅いけれど君の寝顔が見られればいいな、などと遠回しに言う。

b　普段おしゃべりする中で将来についての明るい話をし、しばらく今の状態をキープできるといいと思う。今はまだ結婚の時期ではない。

c　彼女を失う不安を感じて、ともかく指輪を買う。

3　あなたは休暇を取って、ビーチで楽しく過ごしています。あなたのパートナーは、新しい水上スポーツにチャレンジしてみないかと言います。「水上スキーやヨットの初心者コースなんかどう？」あなたの反応はどれですか？

a　「冗談だろう。いくらかかると思っているの？

b　そうだねえ。でも、先に、指導員全員の資格証明書と「お客様の声」を確認したいんだ。だから、とりあえず次の休暇までとっておこうよ。

c　おもしろそうだね。ぜひやろう。水上スキーで派手に転ぶ自分を笑い飛ばすのを、いつも楽しみにしていたんだ。

4　職場に新しい部署が創設され、成長を続けている新しいマーケットの顧客を管轄することになりました。あなたの上司は、あなたならその部署をうまくまとめていけるだろうと考えています。そして、その部署に異動することに、あなたが同意してくれるかどうか知りたいと思っています。

a　なんで僕が？　給料も変わらないし、うまくいくかどうか分からないじゃないか。
b　もっとよく調べてからだ。新しいチームと数カ月一緒に仕事をしてみて、自分に合うかどうか確かめたい。それから決める。
c　別のチームがサポートしてくれて、僕にプロジェクトの決定権が与えられるのであれば、すばらしいチャンスかもしれない。

aが多かった人

あなたは「反対する人」です。概して、新しい方向に引っ張られること、新しいアイデアを提案されること、新しいチャンスを与えられることが嫌いです。これは、他人を信用していないこと、もしくは新しいことへのチャレンジが怖いことが原因です。あなたは失敗や傷つくことを恐れるあまり、ネガティブな心に自分自身を縛り付けています。今度誰かに新しく開店したレストランに行ってみようと誘われたら、「それはいいね」と言って、静かに一歩踏み出してください。あなたは、ごく慎重に幸せを経験していくタイプなのです。ただし、うまくいくはずがないと最初から決めてかかって、新しい〈幸せのもと〉を遠ざけてしまうのはやめましょう。そんなに心配しないで。

bが多かった人

あなたは、正しいことだと確信するまで「反対する人」でいるようです。とても賢明で、トラブルに巻き込まれることはほとんどありません。でも、少し用心深くなりすぎることがあります。ですから、もう少し早く行動に出ることをお勧めします。分厚いマニュアルを読んでから、やっと何かに挑戦するというのでは遅すぎます。まず、リスクの低いことに関しては、もっとスピーディに決断することです。「二四時間以内にやらない理由が見つからなければ、それをやる」と自分に言い聞かせてください。そのようにすれば、とりあえず冷却期間を置いて自分の気持ちを整理することができますし、だからといって決断が遅すぎることもありません。幸せは、試すこと、学ぶこと、新しい経験を受け入れることからくることが多いのです。ですから、ぜひ幸せになるチャンスを逃さないでください。

Cが多かった人

あなたは「賛成する人」です。あなたは、どんな状況にあっても、そのポジティブな側面を見るのが得意で、リスクを冒すのを恐れない人です。このように人生に対してポジティブな姿勢を持っていれば、新しい経験がたくさんでき、多くのことを学べるので、あなたのやる気はますます高まり、充実感も得られるでしょう。ただ一つ心配なのは、何かを決断するときに細かいことまでよく考えず性急に行動することです。そこで、あふれる情熱を適度に抑えるために、「これは本当に今やるのが最適か？」と、まず自分に問いかけるといいでしょう。たとえば、誰かに助けを求められ、いつのまにかその人が抱える問題を自分が肩代わりしているなどということはないでしょうか？　これは、あまりいい傾向ではありません。でも、全般的に見れば、あなたはかなりポジティブです！

不幸せになる方法

あなたは、以下のような生き方をしていませんか？　こういう生活をしている人には、残念ながら幸せは訪れません。

次にあげる七つの主要な分野について、それぞれ自分で採点をしてみてください。答えはそれそれぞれ、以下の通りです。

a　そんなことはない

b　たしかにその通りだ（しかも目に見えて不幸が大きくなっている）

c　今やそれが第二の天性だ！（へとへとに疲れていて、完全に不幸な状態）

取り組むべき主要な分野（選んだ答えを〔　〕に記入してください）

1　自分の弱みや、自分が抱えている問題にばかり目が行っている。〔　〕

2　誰かと話をするときは、たいてい本当の自分を隠す。一度ついたうそは、つき通さなければならない。〔　〕

3　人の生き方は、生まれる前から運命によって決められている。だから、もし不幸に生まれたり、貧乏に生まれたりしたら、それを受け入れるしかない。〔　〕

4　だから、自分や愛する人にどんなに悪いことが起こっても、それをなんとかしようと試みることはない。〔　〕

5　周りの人々、特に愛する人たち（あなたがこの人たちを愛する理由は謎だが）を傷つけ、彼らに恥をかかせる機会を探す。彼らはあなたを愛していないから。〔　〕

6　いつも睡眠不足で、栄養のある食事をとらず、新鮮な空気を吸わず、運動を心がけず、常に頭と体の調子が悪い。〔　　〕
7　やりがいもなく、やる意味も見出せない仕事に長い時間を取られている。上司はいばってばかり、同僚は仕事中毒だ。〔　　〕

また、以下のようなことも、不幸せにつながります。

- 人生がつまらない原因は、あなた自身の欠点にあると考える。
- 健康上の問題があっても、無視する。
- 会話しているときに、無頓着に無礼な言葉を言う。
- 毎日大量のジャンクフードを食べる。
- 友人や家族から借金する。借りたお金を返さない。返してくれと言われると、金額をごまかす。借りてもすぐに使ってしまう。
- 騒がしい通りに面した、じめじめした家に住んでいる。
- 他人の悪いところばかりを見て、いつも真っ先に自分を守る。

もしこのようなことをしていたら、すぐにやめてください。

あなたが次にやるべきことは、もっと幸せな人生を設計することです。あなたに今すぐ必要なことを、よく理解することから始めましょう。

あなたにとって必要なことを考える

人生で、次の二つのことだけすればいいとしたらどうですか？

1 幸せな人生（仕事も含む）を設計する
2 それを楽しむために必要なお金を稼ぐ

あなた自身の幸せとは何かをよく考えてみて、それを見つけることによって、これが可能になるとしたら、どうでしょう？

もちろん、巷《ちまた》でよく言われているような、「もっとがんばって働き、高価な物を買えば、良い気分になれる」といったことではなく。これは、お金を稼ぐことと使うことだけを奨励しており、その他のもっと重要なこと（たとえば、愛する人が元気で幸せであることや、自分の心臓が元気に動いていることを確かめること）には、まったく触れていません。

私は、これらのことは本当に可能だと思います。なぜなら、どんな状況でも幸せになりたいと願う私たちは、物事が順調にいかないときも、「人生は厳しい。だから私はひたすらせっせと働かなくてはならない」と考えるのではなく、自分が幸せになれるようなこととバランスを取るように計画を立てられるからです。

あなたの話に戻りましょう。以前した、「あなたが最も幸せなのは、どんなときですか？」という質問に何と答えましたか？　もし、そのことにもっと時間を使えるとしたら、あなたの人生はどう変わるでしょう？　もしもの話としてではなく、現実の問題として、よく考えてほしいのです。

もし、好きなことをして、もっと多くの時間を過ごすことができたら、私の人生はこんなふうになるだろう。

ぜひ楽観的になりましょう。すると、すばらしいことが起こり始めるでしょう。

- 自分にとって大切なことにもう一度たずさわり、自分の本当の姿を確認する。
- 自分にもっと優しくなる。直さなければならないことだけでなく、自分の良いところや得意なことが分かるようになる。
- 自分は大きな幸せをつかめる、すばらしいことができると考える。
- ストレスが少なくなり、健康に関する心配も減る。幸せは肉体的な健康と強い相関関係がある。
- 自分が住んでいる地域はどんなところか、子どもたちが通学している学校はどんな学校か、毎日食べているものはどんな環境で育っているのかについて、関心が高まる。そして、個人的な地位や苦労して手に入れた仕事にしがみつくことよりも、人と関わりを持つことのほうが大事だということに気づく。
- 親しい人たちとの関係を、もっと豊かにしたいと思うようになる。
- 仕事の報酬や評価は良くなっていくべきものだということを思い出す。ただし、仕事で成功したからといって、必ずしも充実感を得られるとは限らない。
- お金を持っていること、高価なものを買うことが重要なのだという考えを捨て去ることは難しい。でも、「人生を楽しむのに、どれくらいのお金が必要か?」という疑問に対する答えが一つではないということは理解できる。

右のように考えることによって、あなたにとって優先すべきことが変わってくるでしょう。結局、一番大切なのは、人間関係や健康なのです。

自分の人生を、もっと幸せなものにしたい、充実させたい、愛のある人生にしたいと思うようになると、私たちは、世の中を緊張させるような、さまざまな考えに疑問を抱きはじめます。

たとえば、たくさんお金を使うために、たくさん稼ぐ必要があるという考え。外では、他人と視線を合わせることも会話することもなく、アイポッド（iPod／携帯型の音楽プレイヤー）の閉ざされた世界の中に閉じこもる必要があるという考え。子どもや恋人と一緒に過ごす時間が短い理由。思ったほど自慢の庭で過ごす時間が取れていない理由——。

やれやれ。あなたは今、ため息をついていることでしょう。この本は、あなたがなじんだ日課や習慣の外に出て、人生をもっと良くしていく方法を考えるよう、お願いしていますから。

なぜ私はこんなことを言うのでしょう？　それは、「もっと幸せになる」と決意した人たちが、優しく穏やかになっていくのを幾度も見てきたからです。企業の管理職から学生まで、あらゆる立場の人々に、その変化は起こりました。

あなたは、もっと幸せになると決心しましたか？　答えがイエスなら、今ここで心にチェックマークを入れてください。

「よし。いいだろう。幸せになろうじゃないか。私がそう決めたことを知っておいてもらいたいのは、雇用主、子どもたち、銀行の支店長、そして世の中だ」

そのとおりです。あなたが自分のために考える〈しあわせプラン〉は、あなたの周りの人たち皆が満足できるものであることが大事なのです。こうして幸せの余地を作ることができるようになったら、次は、幸せな人生を設計することです。

幸せは健康に似ています。両方とも、他のことをするのに忙しくしているあいだに、静かに作られていきます。小さなことを定期的にやっていけば、良い習慣がつき、健康な状態を維持できるのです。その習慣とは、次のようなものです。

• 頭痛を引き起こす原因を解明し、行動を起こす（偏頭痛は、赤ワイン、チョコレート、チーズによって引き起こされる。したがって、これらを避ける。その他の頭痛に関しては、もっと水を飲み、もっと睡眠を取り、パソコンに向かう時間を減らす。目の検査を受ける）。
• 適度な運動をする。
• 充分な睡眠を取る。

幸せになりたい人がすぐにやるべき 10 のこと	
01	もっと微笑む。微笑みは脳を活性化し、見た目も健康そうにします。
02	今日一日を良くするのも悪くするのも自分次第だと考える（上司、飼い猫、テレビの気象予報士ではなく）。
03	もっと信じる。他人があなたを助けたいと思ってくれることを期待する。
04	自分に優しくする。常に不平を言うのではなく、励みになることを言う。
05	必要なものではなく、すでに手に入れたものを見直す。
06	他人に「お手伝いしましょうか？」と尋ねる。
07	基本的な生活習慣に気をつける（早寝する、しっかり食べる、外で運動する）。
08	自分が誇りを持ってやっていることがあれば、どのくらいの期間それをやってきたか振り返ってみる。
09	一番の親友に、何をしたいか、何をするのが楽しいか尋ねる。
10	仕事で楽しいと感じている点は何か、それをすることが顧客や同僚の幸せにつながるかを考えてみる。

・ジャンクフードを避け、栄養のある食事をする。
・腹八分目にする。

これで、運動、睡眠、質の良い食事が日課になります。幸せについても同じように考えることができます。できるだけ幸せになれるような日課を作るのです。

習慣や癖は、〈しあわせプラン〉を後押ししてくれることもあれば、その足を引っ張ることもあります。〈しあわせプラン〉の邪魔をする悪い習慣とは、どんな習慣でしょう？　それは、物事になかなか取り掛からずにグズグズする癖や、すぐに他人のせいにする癖などです。

どうしたら、こういった悪い習慣から抜け出せるでしょう？　そのためには、なぜその悪い習慣があるのかを理解することが必要です。

グズグズする癖は、普通、誤解を恐れることからきています。あなたがしなければならないのは、自分自身に、どうしてグズグズするのか尋ねることです。

なぜ、私はすべてのことを最後の最後まで放っておくのだろう？　急ぎの電子メールを見ても、何もせずにそのメールを閉じてしまい、重要な会議を済ませたあとも、なぜもう一度よく考えようとしないのだろう？

「難しいことを誤解するくらいなら、無視するほうがましだ」という心の声が聞こえます。あな

【健康になるための計画】

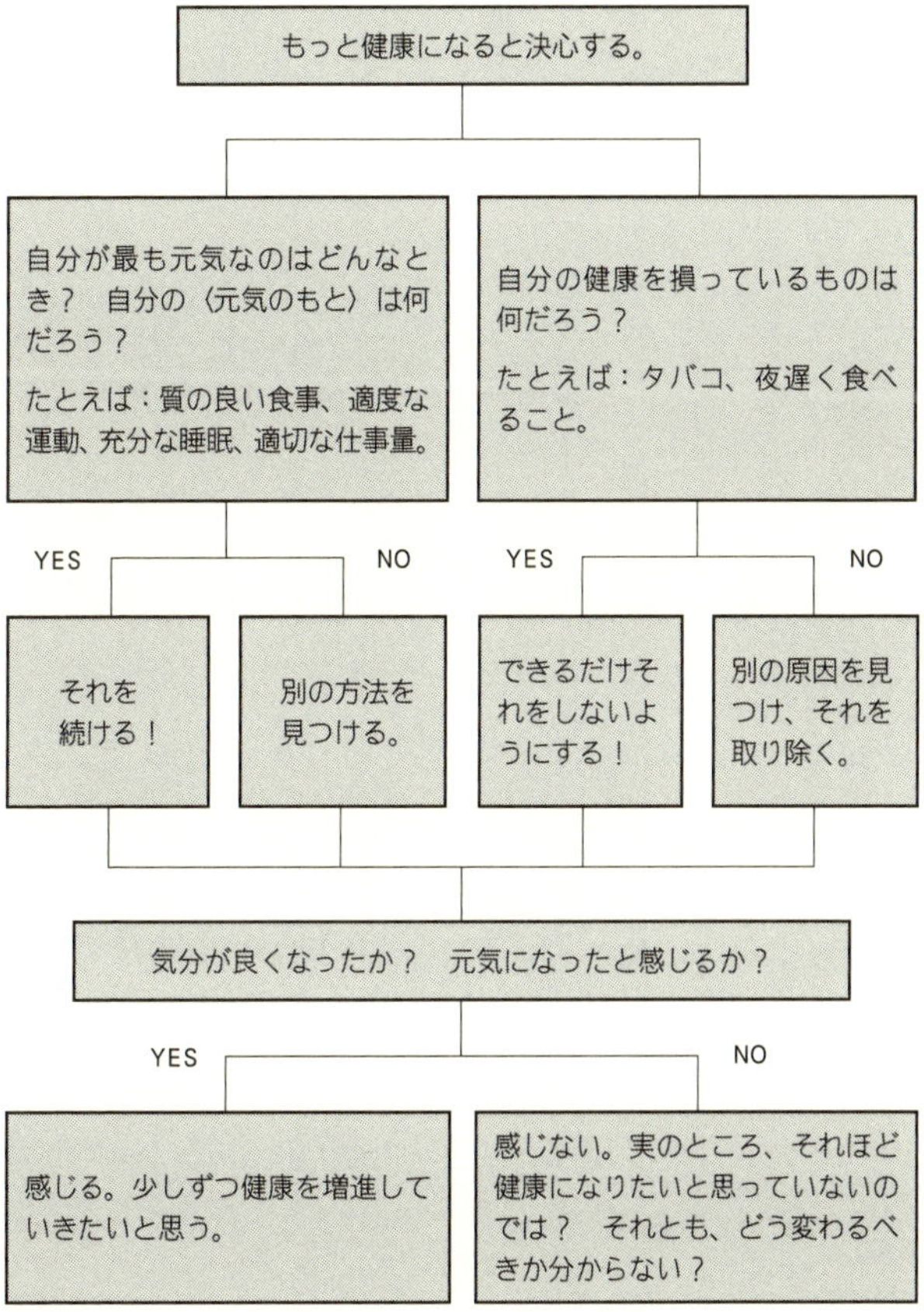
もっと健康になると決心する。
自分が最も元気なのはどんなとき？　自分の〈元気のもと〉は何だろう？
たとえば：質の良い食事、適度な運動、充分な睡眠、適切な仕事量。
自分の健康を損っているものは何だろう？
たとえば：タバコ、夜遅く食べること。
YES
NO
YES
NO
それを続ける！
別の方法を見つける。
できるだけそれをしないようにする！
別の原因を見つけ、それを取り除く。
気分が良くなったか？　元気になったと感じるか？
YES
NO
感じる。少しずつ健康を増進していきたいと思う。
感じない。実のところ、それほど健康になりたいと思っていないのでは？　それとも、どう変わるべきか分からない？

たの〈しあわせプラン〉を作る前に、なぜそういった妨害が幅をきかせているのか、まずはよく考えることです。それから、〈ABCアプローチ〉をやってみるのです。ここでの幸せは、物事を、できるだけ早く、完全に終わらせることです。

考え方は二つあります。一つは、あなたはいつもそうしていたから、今もグズグズしているのだというもの。あなたは今も昔もグズグズしているし、グズグズすることで有名です。もう一つは、〈ABCアプローチ〉のテクニックを用いて、それを変えることです。あなたはこちらを選びたいと思うでしょう？　テクニックを覚えていますか？

A：幸せの余地を広げる

グズグズせずに、できるだけ早く行動を起こして物事をやり終えたら、どんな生活になるでしょう？　こなしきれない仕事を、断ることによって、あるいは誰かに助けてもらうことによって、仕事を時間内にやり終えることができたら？　なぜ今までは、やり終えることができなかったのでしょうか？　あなたの負担が大きすぎただけかもしれません。

B：変化を始める

すぐにできることをやりましょう。まず手始めに、郵便物が配達されたら、すぐに目を通して

【幸せになるための計画】

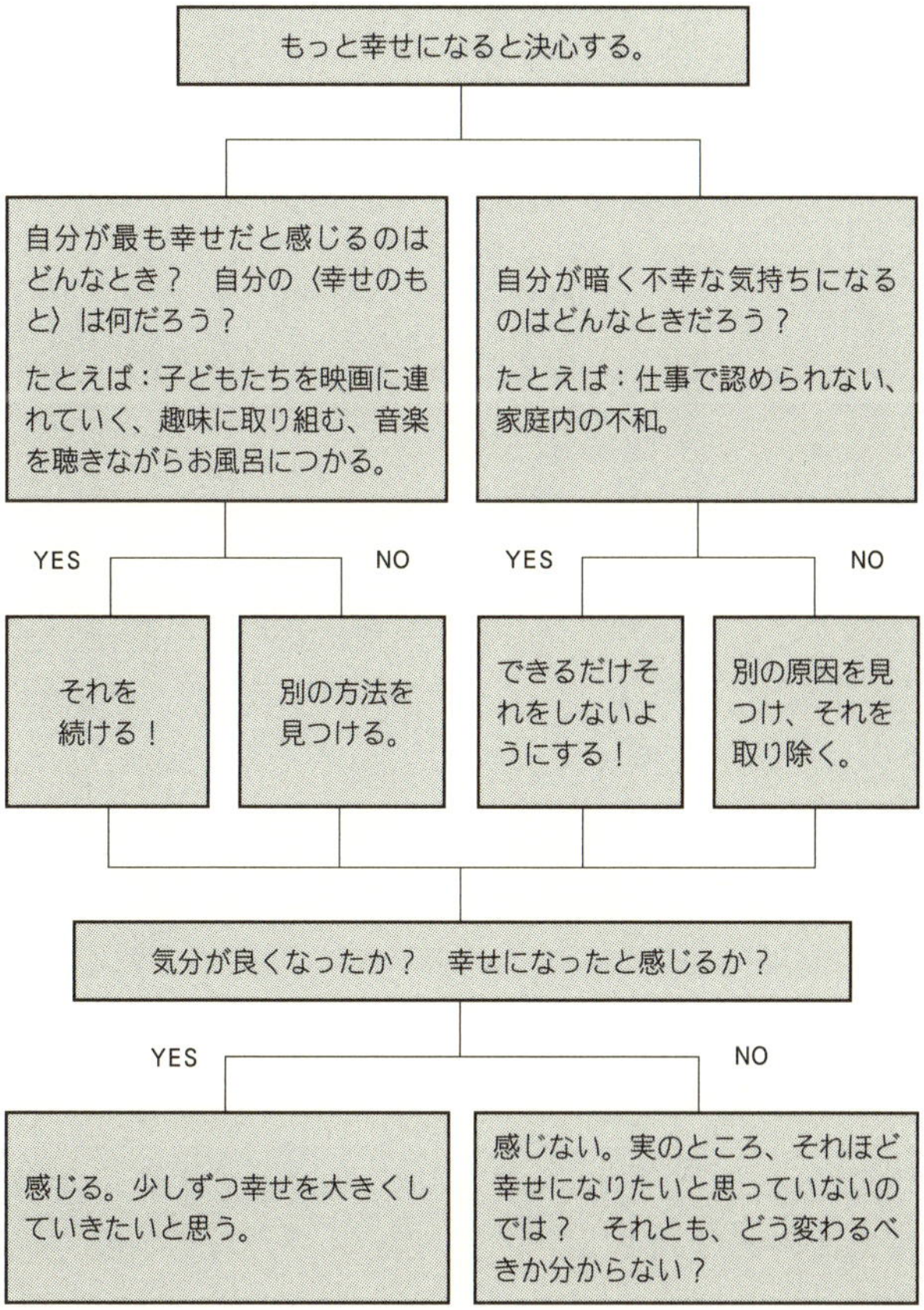
もっと幸せになると決心する。
自分が最も幸せだと感じるのはどんなとき？　自分の〈幸せのもと〉は何だろう？
たとえば：子どもたちを映画に連れていく、趣味に取り組む、音楽を聴きながらお風呂につかる。
自分が暗く不幸な気持ちになるのはどんなときだろう？
たとえば：仕事で認められない、家庭内の不和。
YES
NO
YES
NO
それを続ける！
別の方法を見つける。
できるだけそれをしないようにする！
別の原因を見つけ、それを取り除く。
気分が良くなったか？　幸せになったと感じるか？
YES
NO
感じる。少しずつ幸せを大きくしていきたいと思う。
感じない。実のところ、それほど幸せになりたいと思っていないのでは？　それとも、どう変わるべきか分からない？

ください。やってみてどう感じましたか？　かなりいい感じでしょう？　では、いよいよ核心に迫ります。グズグズと引き伸ばしていた仕事です。

あまりにも長いあいだ放っておいたため、今や急を要するものになってしまい、手のつけようがありません。まず同僚に助けを求め、その仕事はまだ処理する必要があるか、あるならば、どうやって終わらせるか、ということを一緒に考えてください。すると、電話を一本すれば済みそうだと分かります。それが実社会です。それなのに、グズグズする癖は、あなたを永久に罪の意識で押さえつけます。それがグズグズする癖の力です。

C：続ける。もっと幸せになるまで

目標を立てて、少しずつ仕事を片付けてください。（過大な業務をこなす、たとえば二〇〇〇通の未読メールをチェックする、などというのはだめです！）そして、少しずつ進歩できたことを喜んでください。戸惑ったり、罪悪感を抱いたり、こそこそしたりしないということを心に決めてください。

「習慣」ということについて、マイケル・ニールは以下のような興味深いエピソードを紹介しています。

『生まれながらの知恵』

チェロキー族（北米先住民）に伝わる古い逸話があります。

孫に、人生について教えている部族の長老の話です。

「わしの心の内で一つの争いが続いている」と長老は孫の少年に言いました。

「それは恐ろしい争いだ。二頭のオオカミの争いだ。

一頭は悪だ。こいつは怒り、ねたみ、後悔、強欲、傲慢、悪行、敵意、劣等感、うそ、自己憐憫、うぬぼれ、高慢だ。

もう一頭は善だ。喜び、平和、愛、希望、平穏、謙虚、親切、博愛心、共感する力、寛大、真実、思いやり、信頼。

これと同じ争いは、誰の心の内にもある。もちろんお前の心の内にもな」

孫は少しのあいだ考え、祖父に尋ねました。

「どっちのオオカミが勝つの？」

年老いたチェロキーは答えました。

「お前がエサをやっているほうだ」

「あなたの〈しあわせプラン〉は？」

できるだけ早く物事を終わらせることができれば、私はもっと幸せになれるだろう。家に仕事を持ち帰るのをやめ、罪悪感を抱くのをやめる。幸せとは、すっかり仕上がった書類だ。

——マリアン（医療関係者）

「あなたの〈しあわせプラン〉は？」

私の幸福感は、他人の幸福感と深く結びついています。人生で出会った人たちを幸せにすることができれば、私は幸せです。家族や友人たちだけでなく全く知らない人たちをも幸せにしたいのです。

でも、それはとても難しいことです。彼らにも心の葛藤があり、そう簡単に幸せにはなれないからです。でも、やってみる価値はあります。

私は信心深いほうではありませんが、このような考えが多くの宗教でも大切にされていることを知っています。

——ジェームズ（フリーのウェブ・デザイナー）

幸せな人の七つの習慣

人生の質に大きな違いを生み出す幸せの習慣は、七つあります。一五年にわたって、さまざまな団体や個人を指導してきた経験に基づいて、私はこれをまとめました。幸せも不幸せも、つまるところは関連した習慣とさえ言えます。

1　いつも自分を勇気づける。

具体的に言うと、〈隙間〉には、励ましの言葉を入れてください。ステップ03で、「内なる批評家」について考えました。あなたの勇気をくじく頭の中の声です。その批評家が現れたらすぐに、自分を励ます言葉でさえぎってください。これは、何度も何度も繰り返す必要があります。たとえば、間違いや欠点に対しては、思いやりのある言葉をかけてください。自分の間違いや欠点だけでなく、他人の間違いや欠点に対してもです。同僚がしくじったり、約束を忘れたり、秘密をばらしたりしても、不満をぶちまけたりしてはいけません。

2　今この場のことに集中する。

幸せは感情です。現在に集中していれば、ひしひしと幸せを感じることができます。あなたは、先週末の出来事を思い出すことに時間を費やしていますか？　それとも、来週何をするかをあれこれ考えるのに時間を費やしていますか？　でも、楽しみがあるのは今日なのです。昨日でも明日でもありません。

3　自分が得意なこと、楽しいことを毎日する。

ギターを弾く、子どもと話をする。自分が良い気分になれることを毎日する。自分の強みを思い出す。

4　小さな「良いこと」を充分に意識する。

つまらない一日だったと思っても、必ず何かしら良いことがあるものです。多くの人は、満開の花に目を留めることもなく、時間を押し分けて進みます。けれども、一日の中の取るに足らない小さな瞬間、たとえば、ティータイムの紅茶のおいしさに気を留め、感謝することは、とても大切なことです。

5　家族や友人に、あなたが彼らを愛していることを伝える。

大げさにする必要はありません。あなたにとって彼らが大事だということを、彼らに思い出させるだけでいいのです。離れたところに住んでいるなら、一本の電話で充分です。親しい人と良い関係を結べているかどうかが、その人が幸せかどうかの指標となります。自分以外の人たちを幸せにする方法を見つけましょう。

6　自分を解放する。

人生にはプレッシャーがつきものですが、プレッシャーを感じたら、すぐに自分を解放してやらなければなりません。ですから、難しい報告書を五つ書いたなら、マッサージ五回、またはサイクリング五回でバランスを取りましょう。アイスクリーム五個でもいいでしょう。それによって、あなたが快適に過ごせればいいのです。

7　楽しむ。

これで肉体的な欲求が満たされます。あらゆることを楽しんでください。ときには深い緑に覆われた自然の中で命の洗濯をすること。これ以上に大事なことはありません。私たち人間は、喜びを体で感じる能力を与えられているのです。私たちは喜びのために創られているのです。

たしかに、習慣を身につけることはやさしいことではありません。でも、たとえばあなたは、車を運転して家に着くまでに、いちいちギヤを入れ替えているとか、ミラーを見ているという意識はありません。なぜでしょう？　あなたは運転をよく知っているからです。そして、基礎の練習が充分であるため、それが習慣になったからです。あなたは一種の自動操縦の状態で家に着くのです。

良い習慣は、ポジティブな考え方を育みます。それは、時が経てば、道路を運転することと同じくらい直覚的になりえます。ある行為を何度も何度も繰り返すことによって脳に神経ネットワークができ、習慣となっていきます。神経ネットワークは、意識して考えることなく他のことを行うことができるだけでなく、私たちの行為を指揮することができるのです。

信念は、繰り返された行為に必然的に帰着します。自分は運転することができるという信念によって、あなたは運転を習い始め、学び続け、検定に合格して車で通勤するようになるのです。これは重要なポイントです。なぜなら、私たちの日常生活には、お決まりの手順があるからです。また、習慣が、私たちが享受する幸せや耐えるべき不幸せの量を決めるからです。そのように、私たちの「考え方」もまた、私たちの「感じ方」を決めます。

ただし、私たちは、悪い癖を身につけてしまうこともあります。たとえば、終業時間をとっくに過ぎた午後七時になって、上司が「コピーが必要だ」と言い出したとき、つい「私がやります」と言ってしまう。これは、自分よりも他人を優先する考え方で、さまざまな面倒につながっていく悪い癖です。こういった信念は、子どものころの家庭生活からくる場合が多いです。もしあなたが本当に、自分は人々の世話をするのが得意だと信じているなら、その思考パターンや信念は、次のような行為へとつながっていくでしょう。

- 他人のアドバイスを聞く、与える。あなた自身が助けが必要なときに助けを求めることなしに。
- 家族の面倒を見るために、唯一の自由な時間をあきらめる。――なぜならあなたはそうすべきだから。
- 頼まれた仕事の締め切りを、仕事のない落ち着いた時間の前に設定する。――なぜなら彼らは、次の空き時間には別の用件に取り組んでもらいたいから。

他人の世話ばかりして、自分自身のことをしないというパターンが続くと、自尊心や自信がむしばまれてしまいます。そして、あとあと自分の感情を押し殺すことにつながっていくのです。では、悪い習慣を見分けることはできるのでしょうか？　また、そういう習慣を、もっと健康的なものにすることはできるのでしょうか？　できます。良い習慣から逆行分析（リバース・エンジニアリング）すればいいのです。日々することは自分で選択できるということを知り、幸せに近づく考え方を身につけていきましょう。

思い込みが行動や習慣につながる			
仕事	パートナーとの関係	健康	**私にとって大切な分野**
仕事をがんばっていることを認められると、とても良い気分だ。	月に一度、二人で外出する。二人がその貴重な時間を大切にする。	健康的な食事をすることによって、身体のエネルギーを高める。	**幸せになるためには、どんな結果が望ましいか？**
顧客の役に立つことができたときは、それとなく同僚に話す。	ベビーシッターを頼み、その日のために入念な準備をする。	ちゃんと昼食を取る。だからあまりお腹がすかないし、おやつにジャンクフードを食べることもない。	**その結果を出すために、どんな習慣が役に立つか？**
報告書を書くときにも、単に売りたいものを書くのではなく顧客のニーズに基づいた内容かを確認する。	ゆっくりと会話を楽しみ、自分たちはロマンチックなだけの関係ではないということを実感する。	職場の近くで、昼食によさそうな場所にちょっと立ち寄ってみた。	**その習慣をつけるために定期的にできるのは、どんな行動か？**
わが社の利益になり、しかもオープンで公正な関係を顧客とのあいだに築けることに、ワクワクしている。	私はパートナーを愛している。	ちゃんとした時間にきちんと食べると、気分がいい。	**そういった行動を促す、幸せな信念は？**

自分にプレッシャーをかける：悪い習慣

プレッシャーには、外からのプレッシャーと内からのプレッシャーがあります。私たちが幸せになるためには、自分にかかるプレッシャーはどこからくるのかを見つけることが大事です。たとえば、外からのプレッシャーには、仕事の締め切り、大事な試験などがあります。また、内からのプレッシャーには、批判的な考え、恐れ、膨らんだ期待があります。

学校のクラス会を考えてみましょう。これは、古い友人と再会し、昔の出来事を思い出して笑い合うチャンスですが、あなたの自尊心を台無しにするチャンスにもなりえます。元クラスメートたちは、それぞれ仕事で成功し、完璧な家庭を築いていると想像するからです。

あなた自身がすばらしい業績を上げているにもかかわらず、自分と他人を比較することによって引き起こされた内的なプレッシャーが、耐えられないほど大きくなるのです。そして、「皆はとてもうまくやっている。そして、私のことを値踏みしている」などと考えるのです。このような考えからくる内的なプレッシャーは、心の苦しみを引き起こし、幸せに対する障害となりかねません。では、どうすればいいのでしょう？　自分にプレッシャーをかけている考えを、自分を励ますような考えに変えることによって、心の中にあるプレッシャーの源を取り除く方法を見ていきましょう。

これには、三つのプロセスがあります。

1　自己批判的な考え方や自分と他人を比較すること、他人と競うような考え方をしないようにするにはどうしたらいいか学ぶ。

2　プレッシャーの少ない、自分を励ますような考え方。

3　出来事に対する、寛大な、感情的に安定した反応。

私たちは、一人ひとりがユニークな人間です。ですから、内的なプレッシャーの源もそれぞれ違います。私の元同僚の男性は、自分を励ますのがとても上手でした。重要なクライアントへのプレゼンテーションの朝、技術的な問題で、用意したスライドが使えないことが分かりました。私を含むチームの残りのメンバーは、「昨晩どんなに遅くなってもコピーをとっておくべきだった」、「もう一台ノートパソコンを買っておくべきだった」などとブツブツ言っていました。そんなとき、彼は言いました。「たとえスライドがなくたって、僕たちはクライアントの心を動かせるさ。言うべきことをきちんと言えばいいんだ」

自分にプレッシャーをかける考え方と、それと正反対の考え方が、この例に表れています。内的なプレッシャーをまったく感じていない元同僚、内的なプレッシャーに激しく動揺する私たち。

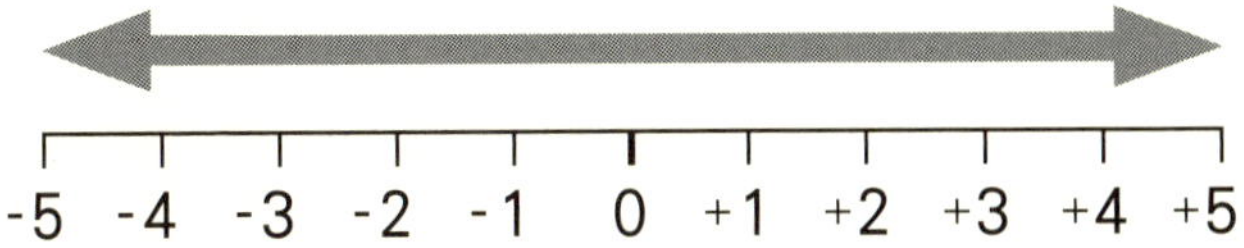

・マイナス5：著しく自己批判的
「私は自分を厳格だと思っている。物事がうまくいかないとき、私は自分を責めるのが得意だ」

・ゼロ：バランスがとれている
「物事がうまくいかないとき、私は自分を過度に厳格と判断することもないし、自分には何の責任もないとも思わない。その事実をよく考え、決断する」

・プラス5：著しく自分に甘い
「私は自分を責めたことがない。物事がうまくいかないとき、私はいつも周囲の状況や他人のせいにする」

あなたは、人生で起こるさまざまな出来事に、どう対処していますか？　あなたは自らにプレッシャーをかけるタイプでしょうか？　それが客観的に分かるような物差しがあれば、便利ですよね（上図参照）。

この物差しを使えば、自己批判的な傾向が強いのか、それとも自己肯定的な（自分を励ます）傾向が強いのかが、一目瞭然で分かります。

自らに降りかかった問題や出来事に、何の偏見も持たず、事実に基づいて冷静に対処するという態度をゼロ（ポジティブでもネガティブでもない）とします。

まず、図のように、自己批判のレベルを、マイナス1（少し自己批判的）からマイナス5（著しく自己批判的）で考えてみてください。次に、自分への励ましのレベルを、プラス1（少し自分を励ます）からプラス５（著しく自分を励ます）で考えてみてください。

人生は、マイナスに偏ってもプラスに偏っても、うまくいかないものです。マイナス５では、いつも自己批判ばかりしていることになります。一方、プラス５では、まったく自分本位です。ですから、目指すべきは、ゼロの両側、できればそのプラス側で生きることです。あなたもできればプラス側に乗るための計画を立てるほうがいいと思いませんか？

あなたの〈しあわせプラン〉に関して言うと、あなたがどこにいるか、できるだけ良い場所にいるために何ができるかを理解することが大事です。

あなたは目盛上のどこにいますか？

そこにずっといたいと思いますか？　それとも、どこか他の場所にいるほうがいいですか？

現在に生きる：良い習慣

最近ある人が言いました。「妻がなぜ幸せを感じられないのか、僕には分かっているんだ」

彼女はいつも過去に生き、昔のいさかいを思い返しているか、これから先に何が起こるのかを心配しているかのどちらかだというのです。

これはかなり重症だと私は思いました。幸せは、現在にだけ存在するからです。

現在にいること、つまり今この瞬間に油断なく気を配るということを訓練していなければ、幸せを感じるのは難しいのです。今この場に気持ちがある状態に対して、過去や未来に気を取られながら、さまざまな出来事の表面をかすめるようにやり過ごし、感情的、知的に夢中になることがないことを、私は〈スキミング〉と呼び、〈スキミング〉をする人のことを〈スキマー〉と呼んでいます。〈スキマー〉は、人生の大きなイベントをざっと済ませてしまいたい、表面をなでるだけで早く終わってほしいと考えるのです。つまり、思いきってちゃんとそれに向き合わないのです。今日やることのリストの最後に自分が一番やりたいことを置く、自分の本当の感情を抑えたまま過ごすといった、多くの〈スキマー〉が持っている癖は、幸せの邪魔をします。

〈スキミング〉をする人というのは、すべてを楽しむのに最適な状態だと感じるまで、ずっと待ち続けています。でも、そういう状態は永遠にやってこないでしょう。

人生の大事なイベントをざっとやり過ごすことと、今この場で起こっていることに集中すること。どちらがあなたを幸せにすると思いますか?

クイズ

あなたは人生にきっちり向き合っていますか？それとも人生をざっと流していますか？

1 あなたは報告書を仕上げようと連日一生懸命に働いています。すると、上司があなたのところへやってきて、こう言い出します。「シンディ、君はすごいよ！」あなたの名前がウェンディだということはさておいて、どれがあなたの反応に最も近いですか？

a　頭の中でハミングしつつも、上司が行ってしまうまで下を向いている。

b　上司の目を見て温かく微笑み、一生懸命やっていることを認めてもらえて嬉しいと言う。

c　急に立ち上がってその拍子に机の上にコーヒーをこぼし、半狂乱で拭きながら「なんでもない、なんでもない」とブツブツ言う。

2　あなたのチームが毎年恒例の社内イベントに出場するチャンスを得ました。あなたはどうしますか？

a　必ずその週にインフルエンザにかかる。

b　イベントまで、チーム一丸となって、その準備に取り組む。

c　一週間前まで何もせず、それからパニックになり、その日に向けて猛然と準備を始める。

3　親友の新築祝いのパーティで、あなたのとる行動は？

a　奥まった場所に一人きりのスペースを作り、友人の雑誌を読みあさる。
b　昔からの友人たちの近況を知ろうとする。
c　酔っぱらって暖炉を壊し、修理屋を呼ぶ。

4　自分の仕事の専門分野についての記事を読んだとき、あなたのとる行動は？

a　「この内容なら、私だって書けたのに」と思うが、そのあとすぐに忘れてしまう。
b　筆者にメールを送って、一緒に昼食をとりながらお互いのアプローチ法を比較する。
c　筆者の写真に、先のとがった耳とヒゲをいたずら書きする。

aが多い場合

あなたは内向的な〈スキマー〉です。つまらないことでやきもきしないようにしましょう。自分が安心できる場所にとどまっていたいという気持ちがどんどん強くなっています。あなたが恐れていることは、すべてあなたの頭の中にあることで、実在しているわけではありません。あなたはすばらしい仕事をしています。友だちはあなたが好きです。これは本当のことです。

bが多い場合

あなたは、今この瞬間を大事に生きている人です。これはすばらしいことです。

cが多い場合

あなたは外交的な〈スキマー〉です。このままいくと、他人と衝突してばかりの人生を送ることになります。「私は自分という人間が好きだ」という言葉を、心の奥で唱え続けてください。

では、どうすれば今この瞬間に油断なく気を配れるようになるのでしょう？　次ページの表を参考にしてください。

将来起こりうるイベント	あなたができること
人事評価	いつ行われるか覚えておく。準備する。あなたがどんな仕事をしたか、上司は知っていると確信する。自分が次に何をしたいか言う。
次に担当する仕事	その仕事について詳しく聞く。ただちに相手先に電話する。顧客が必要としているものを見つけ、その日のうちにメールを送り、どういうお手伝いができるかを述べた。その仕事を取れると思っている。さらに調査する。商談で、自社がお手伝いできる理由を顧客に話す。その仕事を取る。
上司の上司にあなたのアイデアを話すチャンス。彼に話しかけることができますか？	あなたの「上司の上司」は、いつもいいアイデアを探し求めている。あなたはそれを持っている。彼もかつては今のあなたと同じだった。彼に話す。
人員削減	会社はあなたの部署を縮小しようとしている。人事部に電話し、できるだけ早く話し合う機会を設定する。家計をやりくりする。毎月いくら必要なのか。あなたの売りになるスキル。退職の時期を決める。職探し。人事部の担当者に会い、退職の具体的な日程を提案し、職業訓練に関して交渉する。彼らは同意し、力を貸してくれそうだ。人事部に積極的にかけあった社員は、あなただけだった。難しい問題だったが、あなたは自分の思いどおりに事を運んでいる。
何もせずに何日も過ごしたあと、罪悪感にさいなまれ、集中力を欠いたまま仕事をおざなりに片付けながら。	あなたは自分が実現したいことに取り組んだ。そして日々の優先事項をかなりはっきりさせた。いつもそれらをすべてやり終えられるわけではないものの、あなたはその進歩に満足している。
次の仕事関係のイベントが何だったか思い出せない。	次に何があるのか、常に人と話すようにする。心を広く持って、「うまくいく」と考えるようにする。
あなたの人生すべて	とにかくそれが起こっているあいだ、あなたは肉体的のみならず、感情的、精神的にも、ここにいる。

〈スキマー〉は、物事の表面をかすめるようにしてやり過ごしてしまうのが習慣になっています。

このような習慣をなくすために、翌月の計画を前もって立てておくといいでしょう。次の重要なイベントは何ですか？　たとえば、プレゼンテーション、人事評価、面接、クライアントとのミーティング、大事なデート、家族の行事など、スケジュール帳を見て、あなたが案じたり、楽しみにしたりしていることです。スケジュール帳を出して、それらのことを書いてください。

でも、こういうイベントの一つひとつについて、次のようにやり過ごすこともできます。

- それについてまったく忘れる。
- 土壇場でパニックを起こす。
- 当日、はったりをきかせて乗り切ろうとする。
- イベント後、後悔に苦しむ。自尊心は傷つき、周囲にあるものに当り散らす。
- その次のイベントも忘れようとする（こうして一つのパターンが生まれるのです！）。

どうですか？　よくあるパターンではありませんか？　今週の予定を見てください。一番のイベントをまた〈スキミング〉するつもりですか？　まあいいでしょう。こういうことは、一夜にして変えられるものではありませんから。
その一方で、自分の力でこれを改善したいと願えば、今すぐ行動することもできるのです。こんな小さなことでも、そのうち驚くべき変化をもたらします。

まず、今日の日付を書き入れる

今週の重要イベントは……

1

2

来週の重要イベントは……

1

2

来月の重要イベントは……

1

2

あなたは、幸せ、成功、充実へと続く選択肢を選ぶこともできます。表面をかすめるという選択肢とは正反対の選択です。あなたがしなければならないのは、スケジュール帳にある大事なイベントにきちんと目を向け、以下のようにすることです。

・前もってそれについて調べる。
・望ましい結果を考える。
・そのイベントのあいだ、目を覚まし、油断なく気を配る。
・そこから得たものをいくつか記録する。
・やり遂げる。

どれでもいいですから、一つのイベントについて、以上のような選択をしてみてください。そして、どんなに大きな違いがあるかを確かめてください。

他人の過ちや欠点に、穏やかに対処する習慣

他人が間違ったことをしたとき、あなたはその人にどう接しますか？　たとえば、幼い息子が何か失敗をしたとします。すると、あなたは金切り声を上げ、血圧は急上昇します。でも、今度彼がカーペットにジュースをこぼしたときには、こうしてみたらどうでしょう？

まず、「大丈夫よ。わざとやったわけじゃないもの」と、自分にも息子にも優しく声をかけます。そして、こぼれたジュースを拭き、子どもを抱きしめます。血圧は安定していることでしょう。他人の過ちや欠点に寛大に接することは、あなたが幸せになるための良い習慣なのです。

では、あなたのパートナーが車のキーを車内に閉じ込めたときも、「心配ないわ。よくあることよ」と言えますか？　あなたのバッグと携帯電話が車の中にあります。今年に入って二度目です。その「心配ないわ」の口調はどんなふうになりますか？「心配ないわ」なんてとても言えませんか？　言えることは言えるけれど、何度も深呼吸してからでないと無理ですか？　もしかすると、「どうしてあなたはそんなにまぬけなの！」などと言ってしまうかもしれません。

では、どうすれば、いつも穏やかな反応（困難な状況を煽《あお》るのではなく、ゆるめるために、はっきりとものを言う能力）をすることができるでしょうか？　穏やかな反応は、「私たちは皆、ベストを尽くしているのだ」という確信に基づいています。ときどき失敗をしますが、それはたいしたことではありません。あなたがその失敗に取り乱しているときだけ、それは大変なことになるのです。「誰でもたまには失敗をしでかすものだ。それは人間である以上、しかたがない。これは単なる偶然の出来事よ」こう考えることができるといいのですが。

幸せを邪魔するもの

あなたはストレスに基づいた人生へのアプローチを選んだことがありますか？

どんな国でも、学生たちは、試験によって成績を評価されます。良い成績を取るには、物事がうまくできるようになることが必要です。これは、今の教育が、個人の強いところではなく、弱いところに注目しているからです。学生は、ほめられたと感じることはめったにありません。ただもっとがんばるように言われるだけです。そして、これが雇用関係にもつながっていくのです。自分の能力はほとんど認められていないと、多くの従業員が感じています。

自分の強みよりも弱みに注目するよう、早くからトレーニングされているわけですから、私たちが自己批判的な考え方を普通と感じているのも無理はありません。

あなたは、ストレスや自己批判のプリズムを通して人生を見ていませんか？　たとえば、あなたは融資の相談をしようとしています。そのときのあなたの気持ちは、次のうちどれですか？

「私は、お金に関して、まったくついていない。銀行の支店長が気の毒に思ってくれることを祈るしかない」（自己批判的アプローチ）

または、

「もしこの資金を借りられなければ、私のアパートと全人生は一巻の終わりだ」（ストレス・アプローチ）

別の考え方もあります。

「銀行の支店長は、きっとこの貸付を承認してくれるだろう。必要な書類はすべて提出したし、電話で話したときは感触が良かったのだから」（自分を励ますアプローチ）

「お金を借りられたらすばらしい。でも、借りられなくても、この世の終わりというわけじゃな

いさ。まだ出費を減らす余地はある」（ストレスの少ないアプローチ）

どちらが望ましい結果を生むでしょうか？　自己批判ではなく、自分を励ますことは、〈しあわせプラン〉の中核です。

周りの人たちを幸せにする

先日、私はあるイベントで講演をし、ＢｏＢ《ボブ》（Best of Both／双方にとってベストな選択）戦略についてお話ししました。ＢｏＢ戦略とは、双方にとって最も良いことを選ぶというやり方です。たとえば、民間企業と公共団体を考えてみましょう。私は以前、「あなたは民間企業タイプの人？　それとも公共団体タイプの人？」と聞かれたことがあります。利益追求の鬼か、のろまな環境保護活動家か、というのです。でもこれは、あまり適切な分け方ではありません。

多くの民間企業は、何が何でも利益を上げようとするのではなく、株主に信頼してもらえるような方法で利益を上げようと努力しています。また、他者との競争で優勢を保ちながら、従業員や地域社会の人々には、「この企業は、社会的に価値のある、正しいことをしている」と思ってもらおうと一生懸命です。

一方、ほとんどの公共団体は、採算度外視で事業を進めるのではなく、定期的な収入源を確保する方法や、煩雑な手続きを減らす方法を模索しています。このように、ＢｏＢを成長戦略の中心に据えた組織は、周囲の信頼を損なうことなく、スピーディな取引をすることができるようになるのです。社会的な企業が行う事業などはこのいい例です。商取引のアプローチを用いて、社会的な改善を行っています。

左か右か、官か民か、学生か社会人か――。両極端なものは何でも、問題を解決するというより、むしろ問題を引き起こすようです。そもそも人間であること自体、双方の自然な融合です。力を合わせて働く雑多な力が、あなたの選択を後押しするのです。

私たち人間は、現時点から、もっと幸せな未来へと、常に変化しています。一つのアイデンティティにこだわると、なかなか幸せにはなれません。

職場で、もっと幸せになるために

職場では、何があなたの幸せですか？ そんなこと考えたこともない？ どうして考えないのですか？ 私たちは、多くの時間を職場で過ごしています。そして、なるべくたくさん稼ごうとして、できる限りの努力をします。それなのに、幸せは付け足しですか？

職場での幸せについては、前にも少し考えましたが、今ここでBoBを念頭に置いて、もう一度考えてみましょう。あなたは、職場での幸せを、管理職になることに限定していますか？

今のところは、上位五つを考えるだけにしておいてください。以下のようなことがあったとき、あなたは良い気分で仕事から帰宅します。

私が仕事で最も楽しいと感じること（五つ）

1
2
3
4
5

この五つの中に、顧客やクライアントにとっても良いことがありますか？　最も実用的なのはどれですか？　あなたが幸せになれることをして、顧客を幸せにすることができますか？

次のような場面を心に描いてください。多忙で寛大なあなたの上司は、あなたから一通の電子メールを受け取ります。そこには次のような提案があります。

ジョー部長へ

ようやくA社のプロジェクトが終わりました。私はA社の資料にもういちど目を通し、どうすれば同社を幸せにできるか、さらに考えてみました。

満足度調査を見て、さらに過去二年にわたる彼らとのビジネス経験に照らして、同社は今回の取引の成功を本当に喜んでいるようです。私たちが、投資家にとって良いプレゼンテーションをするだけでなく、きめ細かく同社の戦略に関するフィードバックをしたためでしょう。

どうすれば私たちがこの分野でさらに大きな付加価値を提供できるか、調べたいと思います。

ご存じのとおり私は、こういった戦略を立てるスキルを伸ばしたいと思ってきました。ですからこれは、A社と私の双方が満足できる良い提案だと思うのです。部長はどう思われますか?

スティーブより

このメールに対する、上司からの返信は以下の通りです。

スティーブへ
提案ありがとう。ぜひやってみてくれ。
あと、このあいだ頼んでおいた報告書は二時までに送るように。
ジョーより

スティーブは、自分もクライアントも幸せになれる業務を考えました。そういう提案を断る上司などいないでしょう。このような、双方にとって最も良いこと（ＢｏＢ）を見つけるという考えを使って幸せの地図を作ることは、あなたの役に立つでしょう。

次ページがそれを図にしたものです。ＢｏＢは言います。仕事であなた自身を幸せにしなさい。あなたが顧客を幸せにするように……。

私の顧客を最も幸せにするもの（五つ）

1

2

3

4

5

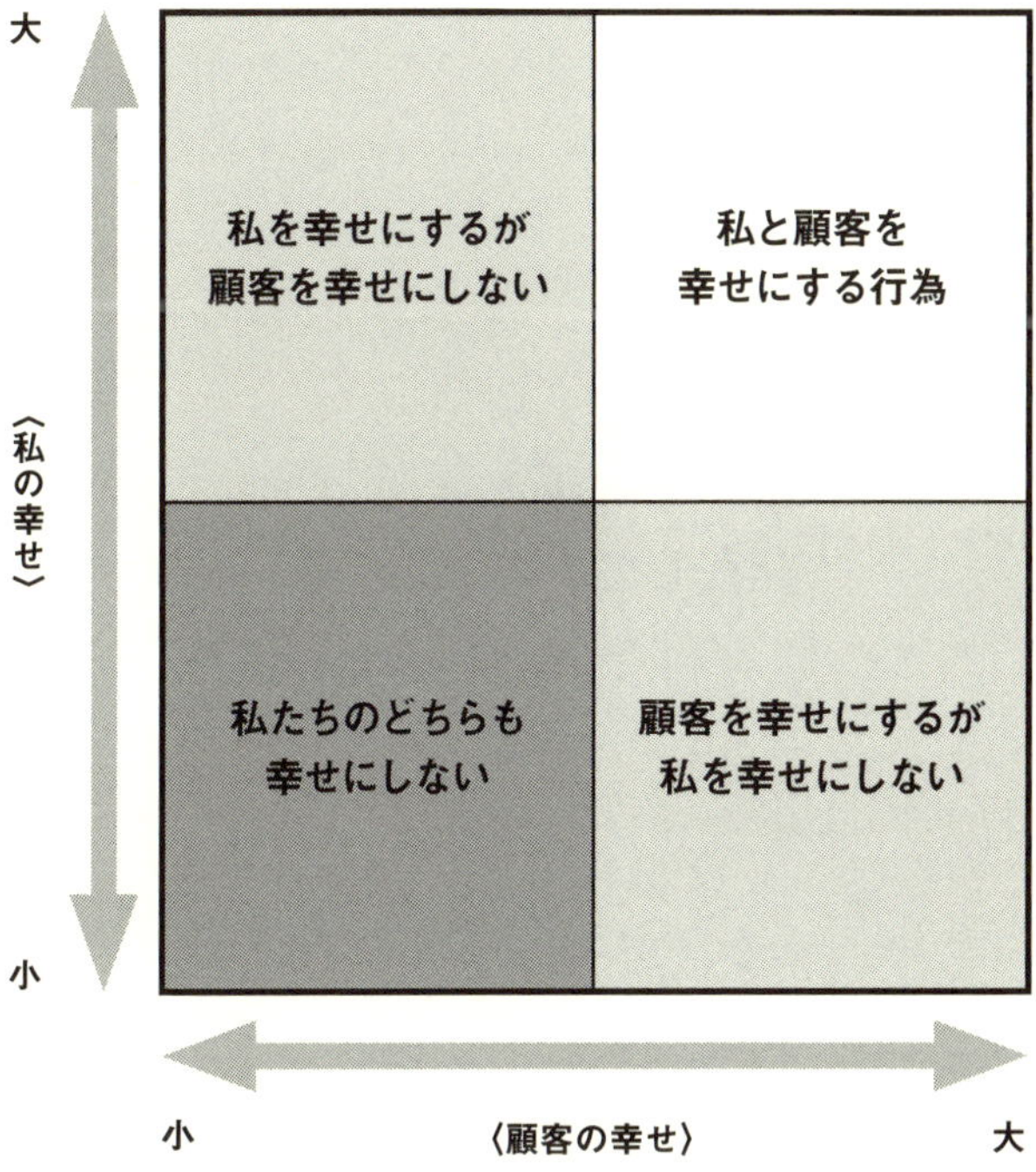
大
〈私の幸せ〉
小
私を幸せにするが
顧客を幸せにしない
私と顧客を
幸せにする行為
私たちのどちらも
幸せにしない
顧客を幸せにするが
私を幸せにしない
小
〈顧客の幸せ〉
大

私たちは、
幸せを探すために
存在している。

――ダライ・ラマ（チベットの宗教指導者）

Step 05
自分も他人も幸せにする

自分も他人も満足できる解決法

「はじめに」やステップ04でもお話ししたとおり、幸せを長続きさせるコツは、自分も、そして関わりのある他人も、双方が満足できることを見つけることです。つまり、あなたの〈幸せのもと〉と、他人の〈幸せのもと〉を理解し、二つが重なり合う部分を目指すのです。

「私の幸せは、他人とは関係ない。静かな部屋で一人で読書しているときが一番幸せなのだから」と思いますか？　もちろん、個人的な幸せというのもあります。でも、長く続く、大きな幸せを手に入れるということになれば、**「どうしたら私も他人も幸せになれるか？」**ということを考えなくてはなりません。

職場の同僚、会社の株主、そしてあなたの人生に関わるすべての人が幸せになるとき、あなたも幸せになります。まるで聖人のようですね。

私たちは、ときに、他人と分かち合いたい、社会の一員でありたいという人間的な気持ちを無視して、個人的な業績を上げることに必死になってしまうことがあります。にもかかわらず、自分の仕事の社会的な意味を重要視している人が多いことが、さまざまな調査で明らかになっています。つまり、自分も他人も満足できる仕事をすることによって、他人との関係を深めたり、お互いのつながりを楽しんだりすることができ、それが私たちの喜びとなっていくのです。

仕事でもっと幸せになる方法

仕事でもっと幸せになるには、まず仕事についての〈ABCアプローチ〉を考えてみることです。仕事の場でも、もっと幸せになれるということ、仕事があなたを幸せにしてくれるという事実を、あなたは受け入れることができますか？

どの曜日でもかまいませんが、あなたが最も楽しんでいることは何ですか？　どうしてそのことが、同時に、他の誰かが目標を達成するのを助けることになるのでしょう？　それが分かれば、あなたが楽しいと思うことをもっとやることが正当だという主張ができます。これは、幸せへの良い出発点になります。

〈ABCアプローチ〉に戻りましょう。まず、仕事の中に、幸せを感じる余地を作ります。そして、自分が楽しいと思う仕事をやり始めてください。それを続け、顧客・同僚・上司など、関係する皆が幸せになれるようにするのです。

仕事についての考え方

次のうち、どちらがあなたの考え方に近いですか？

- 仕事は決して面白いものではない。
- 仕事には上司が必要だ。
- 仕事というものは、四〇年間、耐えるべきものだ。

または、

- 仕事とは、自分の大好きなことをすること、そして報酬を得ることだ。
- このデスクは、未来の成功への出発点だ。
- 家庭の事情に合わせて仕事をすることもできる。

「私は仕事で幸せになるよう運命づけられている」――これは正しいと思いますか？　あなたの答えが「いいえ」であっても無理はありません。たいていの人は、成長するにつれて、仕事とは楽しむべきものではなくて、耐えるべきものだという考えを持つようになります。

仕事は大切です。でも多くの人は、仕事は自分ではコントロールできないものであり、仕事で幸せになることは難しい、仕事で幸せになることなどできないとあきらめています。

生きるために働くのか、働くために生きるのか、というセリフを、あなたも聞いたことがあるでしょう？　でも、そんなことはありません。

職場での幸せは、次のうちのいずれか、または全部から生まれます。

- 仕事そのもの――本質的なモチベーション
- 社会的な側面――共通の目標を持つ同僚や友人の存在
- 報酬。たとえば旅行、車、名声、ふくらむ野心――非本質的なモチベータ
- 目的意識――特に職業上のもの
- 学習――新しい技能を身につけることやその技能を使う自信

仕事で幸せになるための10のヒント	
01	自分の持てるものすべてを使って仕事をしてください。それができないときは、どうしてできないのか、その理由を考えてみてください。今の仕事は自分に向いていないと思っている人は、誰かに助けを求めましょう。あなたが昼食のあとトイレに隠れるのが習慣になったなら、それが手がかりです。
02	その仕事がもうできなくなるとしたら、どうしますか？　たとえば、会社が海外に移転することになって、会社を辞めることになったら？　何か不都合がありますか？　これは、あなたが自分の仕事を楽しんでいるかどうかを識別するものです。もし何も思い浮かばないとしたら、それは、もっと良い仕事に移る必要があるというサインかもしれません。
03	仕事の場で、あなたは自分に正直でいられますか？　それとも、取りつくろったり芝居をしたりしなければなりませんか？　もし無理に微笑まなければならないとか、幸せであるふりをしなければならないとしたら、あなたの心はどんどん弱っていきます。あなた自身でいられる方法を見つけてください。それができないときは、別の仕事に移ることを考えてください。
04	大局を見て仕事をしてください。会社の目的は何ですか？　そういった大局を理解すれば、上司の不可解な要求の意味も分かるようになります。
05	あなたが今している仕事は、会社の大きな目的と、どのようにつながっていますか？　あなたのデスクと顧客の幸せは、どこでどう、つながりますか？
06	あなたは会社にどう貢献できますか？　あなたの価値はどこにありますか？
07	仕事において、あなたにはどのくらいの選択権がありますか？　たとえば、自分の能力を伸ばすために勉強したり、研修を受けたりすることを自分で決めることができますか？　自分のアイデアを、いつでも好きなときに上司に申し出ることができますか？
08	毎日、他人のために何かをしてください。どれくらい他人に貢献しているかが、仕事における充足感と深く関連しています。誰かあなたの助けを必要としている人はいませんか？「手伝いましょうか？」と言ってみてください。
09	「ローンを支払うためだけにこの仕事をしているんだ」と言う人も、ちょっと待ってください。では、あなたがしている仕事の価値はどこにあるのでしょう？　これが分からないと、必要なときに雇用主と交渉する術も分かりません。自分の仕事のどこに価値があるのか、よく考えてみてください。
10	毎日、楽しいことを１つ見つけてください。あなたの得意なことは何ですか？

そもそも今の仕事をしたいと思った理由を振り返ってみてください。それによって何が手に入ると思っていましたか？　モチベーションはいまだに同じですか？　その仕事は前より退屈に感じませんか？　安心感、お金のためだけにやっているのではありませんか？

仕事は、人生において、大きな役割を果たしています。幸せを作ることもできるし、逆に壊すこともありうるからです。失業したとき人はどう対処するかについての統計がありますが、これを見ると、私たちにとって仕事がいかに重要かが分かります。長引く失業が一人の人間に起こる最大の不幸の一つだということを、この調査は示しています。財政的な困難を抱えた上に、自信や希望を失ってしまうからです。

すなわち、仕事における幸せには、仕事の保証が含まれているのです。私たちは、仕事が保証されることを強く望んでいます。ところが、逆に、ほとんどの民間企業は、労働力は、変化する市場の要求に合わせて増やしたり減らしたりするものだと信じています。そして、経費を低く抑えようとします。つまり、仕事が保証されている人はいないということなのです。一方、長く価値を持ち続ける技能を持っている人にとっては、ある一つの仕事が永遠に保証されていなくても、あまり問題はありません。なぜでしょう？

独創的で才能のある人にとって、仕事に変化のない会社、誰も失敗せず誰もクビにならない会社、中心となるビジネスがずっと同じ会社で動きのない年月を過ごすのは、あまり楽しいことではありません。仕事の保証はあるかもしれませんが、チャレンジや刺激がないからです。

逆に、仕事が保証されていることが仕事の幸せの優先順位トップにあるという人には、こういう会社が向いているかもしれません。刺激的なことは起こりませんが、あなたも会社も幸せになれそうです。

逆に、絶えず変化し、成長し、同時に二つ以上のビジネスをし、リストラやアウトソーシングにも積極的な企業で働いているとしたらどうでしょう？　異常なまでのスピードで物事が進み、社会情勢に最大限適応していくために下請業者やコンサルタントがたくさんついている企業です。変化し続ける市場や顧客の要求についていけるように、仕事は常に急ぎで進められ、人が来ては去っていきます。そういった職場で働いていると、学ぶことが多く、創造力も高まりますが、その一方でプレッシャーも大きく、安定感はありません。

ですから、活気、スピード、プレッシャーが、あなたにとって重要だというなら、この会社におけるあなたは、まさに幸せです。あまりにも忙しくて息をつく暇もなければ、「私は幸せだろうか？」と自分に問いかける暇もないでしょうけれど……。

これからご説明するように、どんなワーキングライフを送りたいかということが、仕事を通じて幸せになりたいかどうかということに深く関わっています。もし、仕事を通じて成長したい、学びたいと思っている人は、それができるような職場環境にひきつけられるでしょう。逆に、仕事はお金を手に入れる手段で、内容にはまったく興味がないという人は、職場とはできるだけかかわりを持ちたくないと思っているでしょう。

前に引用したアブラハム・リンカーンの言葉を応用すると、「人は、そうありたいと思った分だけ仕事で幸せになる」のです。私は、雇用市場における不公平な側面を軽く見ているわけではありません。差別は現に存在するし、「人材（人的資源）」の扱い方は、道徳的とはとても言えません。ある人々は条件の悪い仕事しか見つけられないのに、同じような技能や経歴を持った別の人々は、やりがいがあって給料のいい仕事を見つけられることがあります。

もし仕事によって幸せになりたいと思うなら、自分にとって最も幸せな仕事のイメージを描いてみることです。仕事のための〈しあわせプラン〉は、あなたのやる気、実力、希望をさらに引き上げてくれます。ですから、自分が今お金をもらってやっていることには、どんな意味があるのか、よく考えてみる必要があるのです。

たしかに、仕事は楽ではありません。でも、自分の実力や価値を仕事で充分に発揮できれば、仕事はもっと楽しくなるでしょう。問題は、自分にとって最も幸せな仕事というものを、どうイメージするかです。

仕事における幸せは、失業の問題、仕事の保証の問題と関連していると思います。まず現実の財政的な要求があります。ローンの支払い、生活必需品や生活を豊かにする物を買うお金。日々の欲求不満をこらえてでも、毎月の給料を間違いなく受け取ることを最優先する。そんな毎日の中で、「幸せ」が「今日やることのリスト」に載ることはまずありません。でも、こんなふうに妥協していると、幸せだけでなく、成功のチャンスや収入アップの可能性まで失ってしまいます。

それでは、あなたが今している仕事を考えてみましょう。その仕事で最大限の幸せを実現するにはどうしたらいいでしょう？ 今まで考えてきた他の〈しあわせプラン〉と同じように、まず自分の今の状態を理解することから始め、それから〈ＡＢＣアプローチ〉に従うことです。

仕事における幸せのうちで最も重要なのは、やりがいのある、刺激的な仕事から得る充実感だと、私は思います。

仕事の場で、何か問題を解決するために、あなたの持てる才能と知識をフル活用しなければならない状況になったことはありませんか？ そんなとき、人は怖さを感じつつも、刺激を受け、やる気をそそられるものです。仕事は、自分がどんな人間か、自分にとって

「あなたの〈しあわせプラン〉は？」

海外で多くの時間を過ごし、ＢＢＣの放送を聞く時間を減らすこと。英国のメディアは自分たちの考えをオブラートに包んでいる。その内容は、地球の隅々の出来事にまで及んでいるが、人間らしい生活のために役立つ情報は、ほとんどない。

――アンドリュー（ジャーナリスト）

大切なものは何かを見つける一つの方法でもあるのです。それは、セリグマンが言う、幸せの三つのレベルに匹敵します。

1　楽しい人生

体の本能的な喜びを満たすこと。たとえば、一杯のおいしいワインを飲むこと、暖かいお風呂につかること、公園を散歩すること。そのような喜びは、一時的で、表面的で、真の幸福を生み出すことはできないが、少しのあいだ人生を楽しいものにしてくれる。

2　良い人生

活動に携わる。実際は社会的なものであることが多い。それは、挑戦によって、活気にあふれた喜びを引き起こす。たとえば、毎週日曜日にサッカーを始める、本を書いてみる。

3　有意義な人生

持続された幸せの最高レベルがやってくる。人々が自分の人生に、より広い意味を与えることができるとき。政治、ボランティア活動、宗教によって人々を助けることは、人々が、自分自身よりも大きくて重要なものがあることに気づくのを助ける。

あなたにとって、仕事は、この三つのうちのどれに近いでしょうか？

では、仕事でもっと幸せになるためのプランを始めましょう。

まず最初に、仕事における現在の幸せレベルを確認します。それは一〇段階のうち、だいたいどれくらいのレベルに位置していますか？

次ページからのエクササイズも、行ってみてください。

エクササイズ **あなたが仕事で最も幸せを感じるのはどんなとき？**

目を閉じて考えてください。それから、頭に浮かんだことを何でも書いてください。

「仕事で……をしているとき、私は最も幸せだ」

結構です。他にはありますか？

では、仕事で楽しくないのはどんなとき？

「次のような分野では、私は幸せを感じない」

自分の仕事について、悪いことと同じくらい良いことを見つけられましたか？　一年前のあなたの答えと同じですか？　幸せについて自分自身に尋ねることは、簡単なことではありませんが、でもそれが普通なのです。

このようにして、あなたと仕事のための〈しあわせプラン〉を考えていきましょう。以下の三つの質問を1→2→3→1→2→3と繰り返すことで、そのためのヒントを見つけてください。

- 質問1　私は今、どれくらい幸せか？
- 質問2　もっと幸せになるために何ができるか？
- 質問3　それをやってみた。次に何をするか？

愛する人との関係

次に、「愛」について見てみましょう。中国の古いことわざに、「幸せとは、愛する人、やるべきこと、望むもののことだ」とあります。私はこの順番に共感しました。私たちにとって一番大切なのは、「愛する人」です。人を愛したい、人から愛されたいと思うことは、生きることそのものに直接つながっています。他人の感情的な支えがあるかないかは、大きな違いなのです。

「他の人から愛されていると感じることは、私たちの健康に大きな影響を与えます。特に心臓に良い影響を与えるのです。心臓疾患になるハイリスク要因には、コレステロール、食事内容、喫煙、運動の有無、家族の心臓病歴などがあります。でも、他人に感情的に支えられていると感じているか否かということのほうが、より心臓に大きな影響を与えるのです」

――ジョー・グリフィン&アイバン・タイレル

では、人を愛したり、人から愛されたりしているときの幸せというのは、どこからくるのでしょうか？　私の調査と個人的な経験によると、次のようなことからくるようです。

・ふれあい――私たち人間は、肉体的なふれあいを本能的に求めています。
・支えと感情移入――自分は理解されている、受け入れられていると感じること。
・共通の目標――愛とは、お互いを見つめ合うのではなく、二人が同じ方向を見ること。
・協力――相手を助け、支えること。

また、次のような報告もあります。既婚の成人について調査したところ、四〇パーセントが「自分はとても幸せだ」と答えました。それに対し、一度も結婚したことのない人への調査では、「自分はとても幸せだ」と答えた人は二三パーセントにとどまりました。仕事への満足度がどんなに高くても、結婚ほど大きな幸せを与えてはくれないようです。どこの国でも、この傾向は変わりません。

このような結果は、抑うつ症の研究でも現れています。他のすべての条件は同じで、結婚しているか否かだけで比較すると、結婚している人たちは、結婚していない人たちよりも抑うつ症が少ないのです。夫婦の別居や離婚と抑うつ症の増加には非常に強い相関関係があるという、アメリカでの研究結果もあります。

こうしてみると、私たちの幸せは、愛の力に大きく関係しているようです。

では、愛とは何でしょうか？　心理学者のシンディ・ハーズンによると、愛には三つの種類があります。一つ目は、私たちを受け入れ、助け、安心感を与えてくれる人や、私たちを導いてくれる人の愛です。この典型が、子どもが感じる親の愛です。

二つ目は、自分を頼りにしている人たちに対する愛です。この典型は、子どもに対する親の愛です。

三つ目は恋愛です。この愛によって、私たちは相手を理想化してしまうので、相手には何の欠点も見あたりません。そして、この三種類の愛をすべて与えてくれるのが、結婚なのです。

ところで、私たちはなぜ、このような強いつながりを発展させたのでしょう？　一人の人物と密接な絆を結び、親しい関係を続ける必要性は、私たちの「生存」とつながっているようです。人間の子どもは、生まれてからかなり長いあいだ、無防備な状態でいます。ですから、種の保存は、親たちの愛にかかっていたのです。

人が家族や恋人とどういう関わり方をするかは、子ども時代に親に対してどういう感情を抱いていたかということに直接関係しています。そして、これによって〈しあわせプラン〉の内容も変わってきます。あなたはどのタイプですか？

1　親に対して安心感を抱いていた人

いつも暖かく自分の求めに応じてくれる親の愛の記憶を持っています。恋人とのふれあいに、自信と安心を感じる傾向があります。

2　親に「避けられている」と感じていた人

母親を冷たい、よそよそしい人として記憶しています。たやすく他人を信用しません。恋愛でも、お互いが独立したスタイルを好みます。

3　親との関係に「不安」を感じていた人

父親をずるい人だと記憶しています。家族や恋人との関係においても、不安を感じる傾向があります。自分は相手を必要としているのに、相手は自分をそれほど必要としていないと感じています。

1に当てはまる人：もう一度ひと通り〈ABCアプローチ〉をやって、どうしたらもっと幸

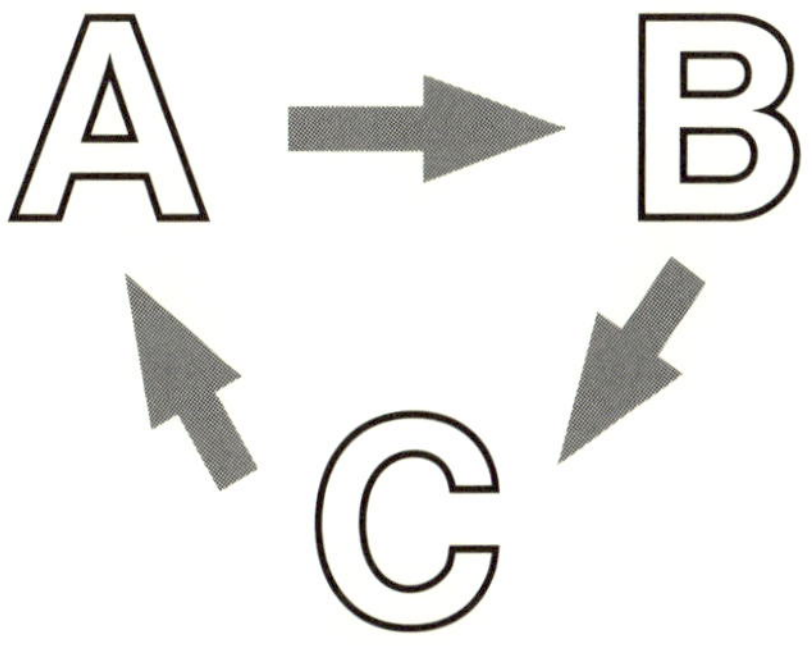

A：予定でいっぱいの日常生活の中に、自分の幸せのための余地を作れるか？〈ALLOW〉

B：自分（そして他人）が幸せになれることを、やり始めることができるか？〈BEGIN〉

C：それをやり続けることができるか？〈CONTINUE〉

せになれるかを考えてみましょう。
2に当てはまる人：〈ABCアプローチ〉が役に立ちませんでしたか？　自分が幸せになれることをする時間を増やしましょう。他人を信じ、もう少し他人と触れ合いましょう。
3に当てはまる人：〈ABCアプローチ〉が役に立ちませんでしたか？　自分が幸せになれることをする時間を増やしましょう。もっとリラックスしましょう。人の悪いところばかりを見ていませんか？

「その後、ずっと幸せに暮らしました」

恋愛は、幸せのロケット燃料みたいなものです。恋することによって、私たちの幸せは一気に大きくなります。朝、目覚めると同時に、その人への想いがつのります。そして、一刻も早く自分の愛を相手に伝えたいという衝動にかられます。また、別れた五分後にはもうその人のことを恋しく思っています。これは、計画してそうなるものではありません。それが恋なのです。生涯の恋人と、はじめてキスをする瞬間。それは、この世の幸せ原子がすべて結合する瞬間です。

科学的に見れば、恋することは、遺伝子の保存を確実にする、私たち人類の本能なのでしょう。けれども、恋をしたときの感覚や、恋が私たちの幸せにとってどんなに重要かということを、科学によって説明することはできません。人は、「さあ、今から恋をしよう」と思って恋をするわけではなく、何か他のことをしているときに偶然恋に落ちるのです。幸せというのは、混沌としていて、予測のつかない、きわめて人間的なものなのです。

私たちが、「その後、ずっと幸せに暮らしました――」というハッピーエンドを手に入れるためには、「自分にとってたった一人の大切な人」を見つけて恋をするしかありません。若者たちの生活は、この「たった一人の人」と出会う準備を整えるための長いトレーニング・プログラムだと言っても過言ではありません。世の中の関心も、ここに集中しています。どれだけ多くの雑誌やテレビ番組が、このことを話題にしていることでしょう。

ただ、恋愛は、喜びと同じくらい苦しみをもたらすものでもあります。恋をしている人は、いつも相手を恋しく思い、その人と触れ合いたいという思いをつのらせ、甘い抱擁の思い出にひたります。恍惚として、その親密な関係が何百年も続いているように感じています。ですが、その一方で、心の奥底には何かしら不安が渦巻いているのです。

たとえば、こんなことがあります。ある人が誰かのことを、一方的にものすごく好きになったとします。そして、ついにあるとき、一歩も引かない姿勢で、相手にデートを迫ります。ここで、相手はやっと、その人の想いや苦しみに気づきます。

あるいは、こんなこともあります。二人とも別の恋人がありながら、単なる親友の域を超えてしまう場合。その人と会う約束があるということ自体は、たいしたことではありませんが、その小さなホップ、ステップのあとには、必ず大きなジャンプが控えています。二人が落ち合うのは、三カ月に一回程度です。顔を合わせると、とりあえず、当たりさわりのない仕事の話をします。きわめて良識的で慎みのある態度を保ちながら。でも、こういった表面的な態度には何の意味もないということに、二人は気づいています。

あなたと愛する人との関係は、今どういう感じですか？　理想的な形ですか？　それとも一方的ですか？　あるいは、じれったい？　では、二人が幸せになるにはどうしたらいいのか、その方法を考えてみましょう。

二人にとってのベスト：恋人、夫婦の双方が満足できる幸せ

「幸せとは、双方ともに満足できるもの」ということとは、この章のはじめにお話ししました。このことは、あなたとパートナーの関係において、どのように機能するでしょう？　まず、あなたとパートナーが幸せになる方法をよく考えてみることです。

このときBoBは、「あなたのパートナーを幸せにするように、あなた自身を幸せにしなさい」と言っています。

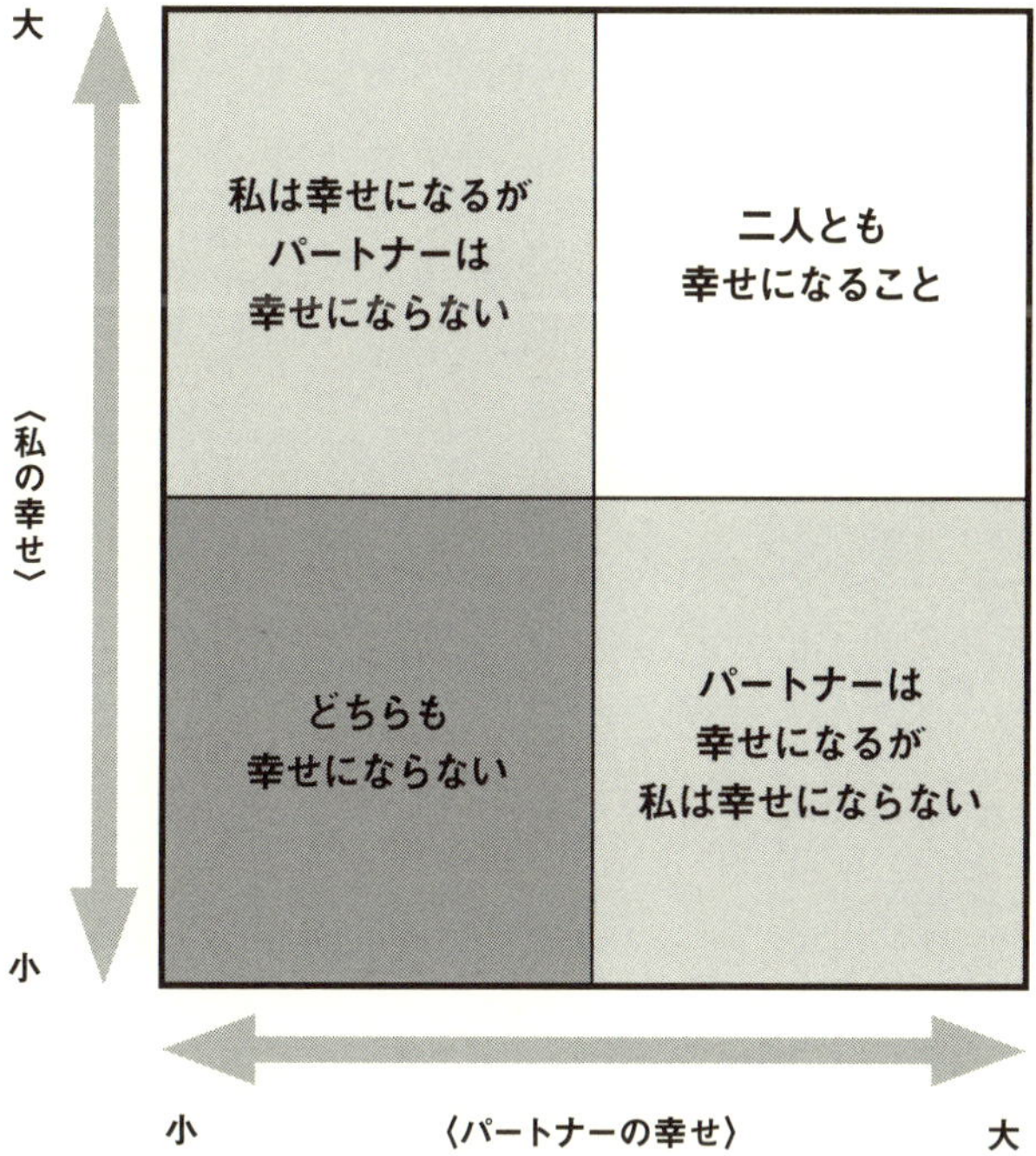
大
私は幸せになるが
パートナーは
幸せにならない
二人とも
幸せになること
〈私の幸せ〉
どちらも
幸せにならない
パートナーは
幸せになるが
私は幸せにならない
小
小
〈パートナーの幸せ〉
大

エクササイズ

何が幸せを築く？

あなたとパートナー、双方を幸せにしないものは何ですか？

双方をイライラさせることは何ですか？

あなたを幸せにするが、パートナーを幸せにしないことは何ですか？

あなたをイライラさせるが、パートナーを幸せにすることは何ですか？

あなたとパートナー、双方を幸せにすることは何ですか？

これからの二人の生活に大きな変化をもたらすため、このうち、まず、どんなことから始めたらよいと思いますか？（なるべく二人が一緒にできることで）

次ページにあるのは、私の知人、ジュリアの例です。

このジュリアの〈しあわせプラン〉は、どんなものになると思いますか？　まず最初に、ジュリアと恋人、それぞれの幸せマップを比べ、その上で、これまでの〈ＡＢＣアプローチ〉を用いて、相手との関係を良くしていくとよいでしょう。

【私の幸せ】

ジュリアの場合

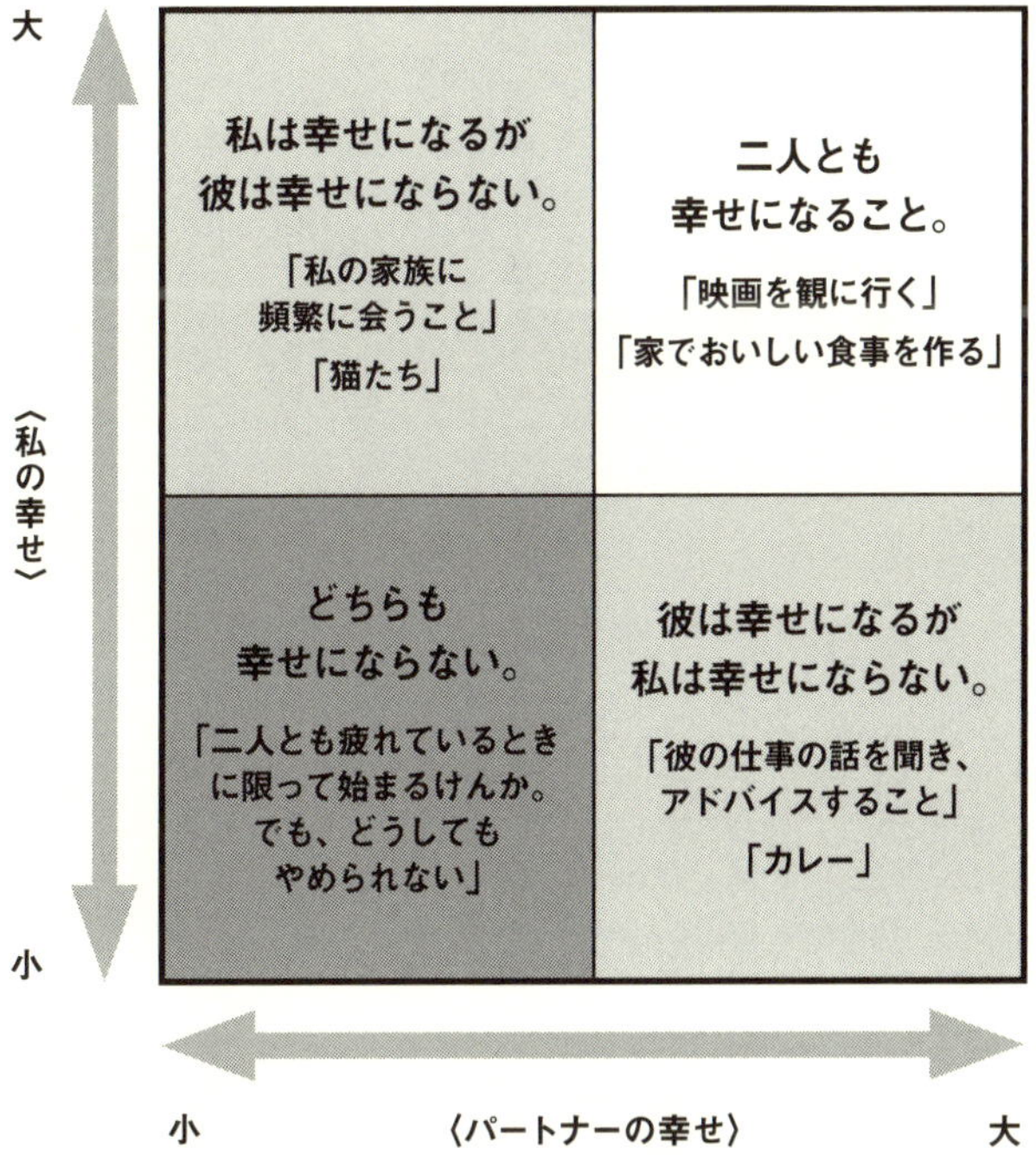
大
〈私の幸せ〉
小
私は幸せになるが
彼は幸せにならない。
「私の家族に
頻繁に会うこと」
「猫たち」
二人とも
幸せになること。
「映画を観に行く」
「家でおいしい食事を作る」
どちらも
幸せにならない。
「二人とも疲れているとき
に限って始まるけんか。
でも、どうしても
やめられない」
彼は幸せになるが
私は幸せにならない。
「彼の仕事の話を聞き、
アドバイスすること」
「カレー」
小
〈パートナーの幸せ〉
大

幸せな地域社会《コミュニティ》

幸せは、生物学的な論理的根拠を持っています。まず、人間の生存の戦略として、それは進化しました。人間の幸せは、他者とのつながりに大いに依存しています。およそ三万五千年前、人類は、新しい精神的な技能を進化させました。完全に受身的であった私たちは（あ、ライオンだ、逃げよう）、自分たちの環境について抽象的なやり方で考えること（ははーん、あれは鹿だな。新しい武器を作ろう。槍も使おう）ができるようになりました。

人間は、想像、空想、計画をするようになったのです。それ以降、その特別な思考能力を使い、特に狩猟において有利な立場を手に入れました。フランスにあるラスコー洞窟の壁画は、そのことをよく示しています。人類は、豊かな色彩を用いて狩の様子を精巧に描いていました。想像を膨らませ、夢の力を利用するという能力によって、およそ一万年前に次の進化の段階を迎えたのです。遊牧生活を送っていた狩人／収集者であった人間は、定住農民へと変化しました。野生だった動物を家畜化し、飼育しました。作物を栽培し、治水、食物の貯蔵を学びました。

狩猟から農業（飼育）への変化は、飛躍的な進化でした。人間は、これからやってくる季節の準備をし、他人と力を合わせ、共同社会を形成し始めました。

私たちは、共感し、結びつき、共通の利益のために親密な共同体を築くことができるようになりました。収穫期には全員で力を合わせなければならない農業社会は、共同体の全員が充分な動機を感じている場合にのみ、うまくいくのです。絶えず分裂や侵略行為があるようなところに、そういった共同体は築けません。とても実際的な理由から、私たちは、誠実で思いやりのある共同体を築き、二千年ものあいだ、それを維持してきたのです。想像力や夢を使って、驚くほど複雑な現実を創り出してみせました。

ところが、社会の進化は、次第に人々の幸せと歩調が合わなくなってきました。私たちの社会は、個人的で、閉鎖的な喜びを追及する社会へと変わっていったのです。オンデマンド・メディアの革命によって、もはや家族と一緒にテレビを見る必要さえなくなってしまいました。

こういった中で、一つの社会として共通の幸せとは何でしょう？　子どもたち全員が学べるよう支援されることでしょうか？　新しい移民を受け入れることでしょうか？

『閉鎖的、シャットアウト。アイポッド世代に対する雑感』

今日、電車に乗っていたら、ハンサムな若い男性が私の目の前に座り、イヤホンをつけて読書をしていました。しばらくして、彼は電車を降りようと立ち上がりました。ちょうどそのとき、近くに座っていたきれいな若い女性も電車を降りようと立ち上がりました。彼らはぎこちなく微笑みましたが、二人ともイヤホンをしたままで、目を伏せていました。そして、同時に目をそらし、それぞれの個人的な音楽の楽しみに戻っていったのでした——。

「時代遅れ」とでも言ってください。でも私には、アイポッドによって人間的なふれあいがシャットアウトされ、世の中がより閉鎖的になっているように思えるのです。あの二人が電車から降りながらお互いに微笑み合っていれば、偶然の出会いになっていたかもしれないのに。私は古くて非現実的ですか？

「開放的・オープン」、これは、「閉鎖的・シャットアウト」の反対語です。控えめであることを大事にする文化を持つ地域では、なかなか起こりにくいことかもしれません。でも、考えてみてください。旅の楽しさは、見知らぬ人と会話がはずんだり、冗談を言い合って笑ったり、同行者と共通の経験をすることからくるのではありませんか？

完全に閉ざされた空間では、偶然のふれあいがありません。特に、二五歳未満の若者たちにとって、これはいいことなのでしょうか？

今、一つの社会として大事にすべきことは何かを考え直す時期が来ていると思います。世の中が良い方向へ進んでいるからです。

極端な消費生活を離れて、環境にやさしいライフスタイルを取り入れる人が増え、それに従って人を思いやるビジネスが求められるようになってきたのです。

個人レベルでは、どうでしょう？　個人の幸せなど考えずに、請求書の支払いに追われて四〇年間、夢中で働くなどという先行きに、私たちは満足できなくなっています。〈しあわせプラン〉は、あなたの人生の転機になるでしょう。関心の的が広がって、自分や家族のためにもっと時間を使うようになったり、自分の健康に気を配ったりするのです。こうなってくると、仕事に使う時間やエネルギーも、程度なところに抑えるようになります。つまり、これから始まる長い一日のあいだに何と何と何をするかは私たち自身が選ぶのだということを知っていれば、できれば楽しく過ごしたい、幸せになりたいという気持ちが強くなってくるからです。

あなたは、もっと幸せになる準備をする覚悟ができていますか？

これからの「幸せ」とは？

自分はどんな人間か、自分にとって何が一番大事かを理解することに加え、世の中のトレンドを見ることは、大事なことです。私たちの社会が今後どのような方向に進んでいくのかということは、あなたの将来の幸せにも関わってくるからです。

1　大きな利益を上げている企業が出資する慈善事業が増えるでしょう。自分たちの富のほん

の一部を社会に還元することによって、儲けたことの埋め合わせをしたいのです。多くの企業が、環境に優しい組織であることを示したいのと同じです。

2　これまでの社会システムに疲れ果てた人々は、生活のスピードを落としたい、人員を縮小したい、ストライキによって作業を休止したい、有機栽培農場を始めたいなどと考えるようになりました。こういった古めかしいシステムは、新しいシステムへと変化していくでしょう。新しいシステムでは、高い業績を上げるためには、健康と幸福、個人の生活の質、目的意識、楽しみのための充分な時間が必要だとされることでしょう。

3　瞑想やＮＬＰ（神経言語プログラミング）などの活動が、もっと一般的なものになるでしょう。大企業が、収益を上げるために、ポジティブ心理学の考え方を取り入れるケースも増えていくと思います。

4　これまでは、女性が家事と子どもの世話をすべてやっていました。女性はキャリアで損をしがちでした。それが普通だと考えられていたのです。今では、父親の育児休暇が受け入れられ、それを導入する企業も増えてきました。家庭の幸せが、大事な権利だとみなされるようになったのです。同様に、従業員の個人的な幸せを大切にする社会的な傾向も見られます。

5　個人の目標を大事にする人が多くなるにつれて、人々の自己実現の衝動が大きくなってくるでしょう。人生の目的を見つけることに関する本の数は、驚くほど増加しています。

その他、未来のキーワードになりそうなものを挙げてみます。

- 物々交換、倹約、手作り
- 第二の人生
- 携帯電話による決済
- 社会事業の方式が社会に定着
- かっこいい海辺の住宅街
- プリペイド（前払い）方式
- 個人の事情に合わせた経済、社会的なネットワーク作り（たとえば、共同出資による保育や購買、車の共有など）

私たちの社会が向かっている先がこういうところであるなら、将来の幸せのために必要なことを検討するために、あなたは何をしますか?
では、とても重要な、あなたの将来の話に戻りましょう。

エクササイズ　今より幸せな、未来の私からの手紙

これは、一年後のあなたから、今のあなたに宛てて書かれた手紙です。つまり、一年後の自分になって現在の自分に手紙を書くのです。

意識の上で一年前に飛ぶことによって、より良い場所にいる自分自身を実感できます。また、異なる視点から自分の人生を見ることができます。

今日からきっかり一年後を想像して、その立場で今日の自分に手紙を書いてください。

一年前の私へ

この一二カ月のあいだに、物事がどううまくいったか、あなたに教えるために、私はこの手紙を書いています。今、私が最も幸せに思うことは、次のようなことです(そのころの将来、うまくいっていてほしいと思う人生の分野をここに書いてください)。

その中でも特に私が幸せに思うことは……

私が、一年後の今も引き続き努力していることは……

過去一二カ月を振り返って、私は自分が変わったことをとても嬉しく思っています。

仕事ではこのように変わりました。

私生活ではこのように変わりました。

他の分野ではこのように変わりました。

私は、どうやってこれらの変化ができたのか考えました。すると、そのつどいくつかのステップを経てきたことが分かりました。私の変化を助けてくれたステップは次のようなものです。

私が覚えている小さなステップは……

私が覚えている大きなステップは……

一年にわたって行動を続けてこられたことを嬉しく思います。〈しあわせプラン〉を作ること、自分の力で人生をより良いものにすることが私の責任だからです。

私は以前よりも、ずいぶん気分よく暮らしています！　振り返ってみると、はじめの六カ月のあいだにやろうと決めたのは次のようなことでした。

そして、次の六カ月で以下のことをしようと決意しました。

最近では、私は、次のような行動をとりました。

振り返ってみると、自分が不安と希望の両方を持っていたことが分かります。

そこで、あなた、つまり以前の私にアドバイスしたいことがあります。それは以下のことです。

以上、愛を込めて。一年後の私より――

将来、自分自身を幸せにするプランをどう立てますか？

幸せで生産的な仕事と、
楽しい家庭生活や人づき合いとの『バランス』
を取ることに常に気を配ってください。

私は、仕事以外に、思考とくつろぎの
両方を可能にする興味（特に冒険的な興味）を
持つことが大事だと固く信じています。

――マーク・パウエル（チューリッヒ・ファイナンシャル・サービシズ主任研究員）

物事は変わらない。私たちが変わるのだ。

——ヘンリー・デイヴィッド・ソロー（米国の作家）

Step 06
〈しあわせプラン〉実例集

四つの分野で〈しあわせプラン〉を立てる

あなたの〈しあわせプラン〉は、あなた以外の誰にも立てることはできません。もし今、あなたが重要な意志決定（たとえば、仕事を辞めるかどうか）を迫られているとしたら、〈しあわせプラン〉がどう役に立つのかを知っておくといいと思います。

人はどう変化していくべきか、リーダーシップを身につけるにはどうしたらいいか、という課題に、私は長年取り組んできました。そんな中で、同じ質問を何度も何度も繰り返し聞かれること、また、その質問がきわめて重要な成果に向けられているということに気づきました。それは、次の四つです。

1　仕事の充実

仕事を通じて、目的のある成功した人生を送りたい。具体的に言うと、得意なことをいかして、仕事が楽しいと感じられるようにするために、雇用主とどう交渉したらいいか？

2　時間

仕事以外のことをする時間を増やしたい。でも、ある程度の収入は確保したい。具体的に言うと、週四日勤務（週休三日）にするには、どうしたらいいか？

3　人間関係

家族や恋人との関係をもっと良くしたい。具体的に言うと、困難を乗り越えられるよう絆を深めるには、どうしたらいいか？

4　家計の管理

請求書の支払いのためだけに働くのではなく、それ以上のことをしたい。そのための充分なお金を稼ぎたい。具体的に言うと、家計（とくに出費）の管理をするには、どうしたらいいか？

そこで、この章では、これらの質問に答えるために、あなたの〈しあわせプラン〉をどう使えばいいかを考えます。〈しあわせプラン〉の使い方は、もちろん人によってまったく異なります。でも、もしかしたら、先ほどの質問内容の中にも、あなたが答えに至る方法に近いやり方があるかもしれません。こういった例を参考にして、あなた自身の答えを見つけてください。

その際、核となる〈しあわせプラン〉の原則は、以下のようなものです。これらは、先ほどの質問にもあてはまります。

あなたの幸せは、あなた次第。

- 今の自分を正しく把握する能力（現状を利用することができる）。
- 状況を改善するための行動。
- 進行中の改善内容に責任感を持つこと。

心の〈隙間〉の力を利用する。

今、あなたの〈隙間〉にはどんなメッセージが流れていますか？　あなたの考えが、あなたの人生を創るということを忘れないでください。今あなたの頭の中にあることが、明日起こることの脚本なのです。ですから、心の内から聞こえてくる声を意識してください。

これによって、良い習慣や日課を作りやすくなります。仕事の負担が大きくなりすぎていないかを常に確かめる習慣、毎週必ず自分が本当に楽しいと思えることをする習慣などです。**幸せはあなたの潜在的な意図になり、あなたがするすべてのことを後押ししてくれます。**

では、〈しあわせプラン〉を使って問題を考えていきましょう。

まず最初に、仕事に関する比較的小さな問題についてです。「かなりうまくいっているが、もっとうまくいきそうだ」という状態を想定します。こういった状態からも、人生の目的の徴候を何かしら察知することができるでしょう。

キャリア充実ための〈しあわせプラン〉

ここでの望ましい成果は、**「私の仕事は刺激的だし、ちゃんとした意味がある。この仕事は私に向いている」**と感じることです。

仕事の充実感を高めるために、雇用主と交渉することは可能です。仕事での充実感は、あなたがどれくらい周囲に貢献しているかということと、密接に結びついています。あなたが周りの人たちのニーズを理解し、自分の時間や労力を提供するよう気をつけていれば、あなたの充実感はきっと高まるでしょう。

「自分がすばらしいと思った目的のために働くこと。お払い箱にされる前に、完全燃焼すること。『私はちっとも幸せになれない』と文句ばかり言っている、自己中心的な、ちっぽけな存在ではなく、偉大な自然の力があるということ。これらは本当に喜ばしいことだ」

――ジョージ・バーナード・ショー

あなたの〈しあわせプラン〉は、キャリアに関して、あなたがより良い決定をするのを助けてくれます。たとえ、あなたが人生の目的に近づくために、まず何をすべきかが分かっていなくても。たとえ、あなたが「人生にはもっと多くのことがあるはずだ」と漠然と感じているだけであっても。

〈しあわせプラン〉は、どうやってあなたの手助けをしてくれるのでしょう？　あなたにとって、最も重要なことに従っていくことによって、それができるのです。次のクイズに答えながら、あなたにとって最も重要なことを見つけましょう。

クイズ　あなたの価値観は、職場の価値観と合っていますか？

1　あなたは、自分の所属する組織の目的に賛成していますか？

a　はい

b　いいえ

c　分からない

d　そもそも組織の目的が何か分からない

2　あなたの個人的な価値観は、職場の価値観と同じですか？　たとえば、あなたが正直であること、顧客を第一に考えること、同僚に敬意を払うことなどを大事にしているとして、これは職場でも大事にされていますか？　会社のウェブサイトや会社案内のパンフレットなどを見てみましょう。組織が大事にしていることが書いてあります。それらが管理職や社員の日常の振る舞いに示されていればいいのですが。では、質問に戻りましょう。あなたの価値観と職場の価値観は同じですか？

a　はい
b　いいえ
c　分からない
d　価値観自体が分からない

3　自分は上司や同僚に信頼されていると感じますか？　たとえば、自分の仕事をするにあたって、あなたにはいくらかの裁量が認められていますか？　あなたは頼りになると思われていますか？

a　はい
b　いいえ
c　分からない

4　あなたは同僚を信頼していますか？　同僚は約束をきちんと守る、やると言ったことはきちんとやると信じていますか？　同僚の人柄や能力を信頼していますか？

a　はい
b　いいえ
c　分からない

あなたの答えはどうでしたか？
aの「はい」がほとんどなら、あなたは今の会社に合っています。
bの「いいえ」がほとんどなら、会社に合っていません。
cやdの「分からない」がほとんどなら、あなたはまだ判断しかねているのでしょう。

ここからの質問は、仕事におけるあなたの積極的な関与（参加）と充実度を見るものです。

5　仕事に関して、あなたはどんなときに最も幸せですか？
「私は、仕事で以下のことをしているときが最も幸せです」

6　あなたも顧客も、ともに幸せになれるようなことを実行しており、顧客からもそういうフィードバックがありましたか？

a　はい

b　いいえ

c　分からない

7　今の仕事にどれくらい幸せを感じていますか？（一〇段階で）

8　魔法の杖を手に入れたとしましょう。どんな点を変えたら、仕事はもっと魅力的で刺激的になると思いますか？　三つ挙げて下さい。

1

2

3

9 その三つの変化が起こったとき、あなたの仕事は以前とどう違ってきますか？

10 ここまでの質問に答えてみて、何が新しい発見ができましたか？

あなたは、仕事や会社の目的と価値観に賛成ですか？

あなたと同僚は、信頼し合っていますか？

あなたは自分の仕事を楽しんでいますか？　仕事をしていて幸せを感じることがたくさんありますか？（それとも金曜日の終業時間が一番幸せですか？）

あなたが変えたいことは何ですか？　それはなぜですか？


仕事をしていれば、いつか必ず決めなければならないことがあります。

それは、**「今の職場にとどまるべきか、それともここを去るべきか？」**ということです。

もちろん、とどまるかどうかの決断をした後にも、まだまだ決めることがあります。

1　とどまり、何もしない。

今は過渡期だ。適切な時期がきたら行動を起こす準備はできている。もっといい仕事を見つけたら退職する。

2　とどまり、交渉する。

あなたがもっと幸せや充実感を感じられるような改善に取り組む。

3　退職して、同じ職種の仕事につく。

自分の目標に近づくために職場を変えるが、同じ分野にとどまる。

4　退職して、まったく違う仕事をする。

自分の力で、まったく違う仕事を始める。

仕事においてもやはり、私たちは自分が手に入れたいと考えているものを手に入れるのです。あなたは、仕事を通じて何を手に入れたいと思いますか?

転職活動においても、私たちは自分が手に入れるだろうと考えているものを手に入れます。あなたは、自分がどのような立場を手に入れると思いますか?

キャリアを充実させるための、既製の〈しあわせプラン〉について、私がお話しできるのはこれだけです。あなたが次にやるべきことは、行動の時期が今かどうかよく考えること、必要なら友人・家族・同僚に助言を求めることです。そして、充実感と貢献度の関係を思い出しながら、あなた自身の幸せを軸として進んでいってください。きっとうまくいくことでしょう。

では次に、本章のはじめにある四つの分野のうち、次の二つを結びつけて考えてみましょう。私の経験からすると、2の「時間」と3の「人間関係」は重なっているのです。平日にも時間を作りたいという思いは、年老いた親の世話をしたい、末っ子が歩き始めるのを見たいなど、愛する人ともっと多くの時間を過ごしたいという思いにつながっていることが多いのです。

ですから、ここでの〈しあわせプラン〉の例は、愛する人と一緒に過ごす時間をもっと作るために、週四日勤務（週休三日）にするにはどうしたらいいかを考えることから始まります。

時間の管理：週四日勤務にするための〈しあわせプラン〉

経済的に無理のない範囲で仕事以外の時間を増やすには、どうしたらいいでしょう？　具体的に言うと、週四日勤務にするには、どうしたらいいのでしょう？

これを考える前に、確かめておくことが二つあります。

1　家でもっと多くの時間を過ごすことによって、本当にあなたは幸せになれますか？
2　あなたがそうすることによって、一緒に過ごす相手も幸せになりますか？

妙なことを聞くと思われたかもしれませんが、まずここをよく確認しておかないと、あとあと混乱を招くことがあるのです。

ここでの核となる原則

週四日勤務にするための交渉には、重要な点が数多くあります。まずあなたの側から、それから雇用主の側からも、この交渉について考えてみましょう。あなたの側からは、交渉に影響する重要な点は次のようなものです。

- 社内でのあなたの価値——あなた独自のスキル、ノウハウ、専門知識を、会社はどれくらい必要としていますか？　あなたは会社にとってどれくらいの値打ちがあるのでしょう？　現在の価値だけでなく、将来的な価値も考えてみましょう。
- あなたの要求の緊急性。たとえば、あなたの部署が現在うまくいっていなくて、さまざまな手当てが必要な場合には、あなたの要求が通りにくくなるかもしれません。

・仕事における、あなたの信用。これは、あなたの評判、職場での人間関係、能力の高さという意味です。
・四日間でその仕事量をやりくりする能力。
・あなたの交渉能力。自分の仕事を他人に頼むのは苦痛ではありませんか？
・社内もしくは同業他社で似たような希望を出した人がいるか、その人の希望が受け入れられたかどうかを知っていること。たとえば、マーケティング部のショーンがＭＢＡの勉強をするために週四日勤務を認められたという実績があったとして、そのことで、あなたの希望は通る可能性が高くなるでしょうか？　逆に低くなるでしょうか？

雇用主の側からすると、重要な点は次のようなものです。

・やるべき仕事を四日間でやり終える能力。
・あなたの価値――あなたは、どんな犠牲を払ってでもキープすべき、やり手社員なのか？
・あなたの要求を拒絶することによってあなたの士気が下がり、ライバル会社からの魅力的なオファーを受けてあなたが退職するかもしれないとき。
・あなたの要求を受け入れることによって、これが前例となり、他の従業員からも同様の申し出が増えるかもしれない。他の従業員への衝撃の点で、これが最も大きい。他の従業員たちは、自分の仕事量が増えることや、自分のほうが不利な待遇になることを気にする。

・給料が減ってもいいのか？　あるいは勤務する四日のあいだ、一日の労働時間は週五日勤務の人より長くてもいいのか？

・業績を維持するという必要性の中で、現在の世の中の流れを見つつ、良い雇用主としてやるべきことを認識すること。

週四日勤務にするための交渉：〈しあわせプラン〉の原則

雇用主と交渉するにあたって、ここでは三つのポイントをご紹介いたします。

1　あなたの幸せは、あなた次第です。

まず、関係する双方が満足できなければ幸せは長く続かないということを思い出してください。雇用主は、あなたと同じくらい幸せになる必要があるのです。さもなければ、後になってうまくいかなくなるでしょう。

ですから、この場合、雇用主と交渉するために、きちんとした調査をする必要があります。また、仕事が四日間でちゃんとやりくりされていること、あるいは他の人に適切に委託されていることを確認する責任があります。さらに、拒絶されたときの応答のしかたも、考えておく必要があります。もしくは雇用主が、イエスという返事でありながら、あなたが受け入れがたい条件をつけてきたらどうしますか？

2　心の〈隙間〉の力を利用する。今、そこで、どんなメッセージが流れていますか？　あなたの考えがあなたの人生を創り出すということを思い出してください。今あなたの頭の中にあることは、明日起こることの脚本です。ですから、心の内から聞こえてくる励ましの声や警告を意識してください。

おそらく、あなたの〈隙間〉に流れている考えは、「週四日勤務など、とても無理だ」でしょう。そういったメッセージは、あなたの申し立てにどんな影響を及ぼすでしょう？　この状況で、最も励みとなり、支えとなる考えは何でしょう？

3　幸せは、あなたが何かするときの根拠となり、それによって、さらに幸せになるための良い習慣ができます。仕事の負担が大きくなりすぎていないか、自分が本当に楽しいと思うことをしているか、ということを確かめる習慣です。

週四日で仕事がうまく回り、そのことを上司に定期的に報告している状況を想像できるでしょうか？　今後は、あなたのチームと顧客のあいだのコミュニケーション管理、あなたと上司のあいだのコミュニケーション管理が、あなたの日課となりました。

ですから、たとえあなたが職場で過ごす時間が減ったとしても、あなたはちゃんと仕事の準備を整えることができるし、無駄なトラブルの解決に時間を取られなくて済みます。そして、あなたの家庭生活と健康は、一日の余裕ができたことで、格段によくなります。

あなたは幸せになる方法を見つけ、それを実現したのです。おめでとうございます！

決意する

ここまでの作業、おつかれさまでした。少し休憩しましょう。心の〈隙間〉に、次のようなメッセージを流してください。

私は今すぐ幸せになる。私には、その価値がある。

あとで何かをしたときではなく、今すぐに。

お金を持っていることはいいことだ。充分な時間があることはいいことだ。

穏やかに……。

あなたの幸せを前進させるために、このメッセージを流してください。

どうすれば、私は仕事において幸せになれるか？

どうすれば、私が幸せになり、同時に顧客も幸せになれるか？

どうしたら、それをもっとうまくやれるか？　雇用主にとって、自分がもっと価値のある存在になるために。

では、私はそれをどうやってしたらいいのだろう……。

さて、それでは次に進みましょう。前に、雇用主にとって重要な項目をリストアップしましたね。それらを、さらに詳しく見ていくことにします。

やるべき仕事を四日でやり遂げるあなたの能力

現実的に、仕事量はどれくらいですか？　あなたの達成すべき目標を見て、それをまず考えてください。それから、予定外の仕事をすべて考えてください。この予定外の仕事のためだけに五日目も出勤しているかもしれません。一回限りの報告書を書いたり、チームの若いメンバーの相談相手になることを買って出たりすることです。また、しなくてもいい会議や、出張による時間の無駄なども。

さて、これで状況は分かりました。四日で仕事を終わらせることができるということを、雇用主にきちんと示せますか？　他の社員に仕事を負担させたり、余分な人材を雇って仕事をしてもらう必要はありませんか？　まず、雇用主の視点から、この点を考えてみてください。

あなたの価値：あなたは、どんな犠牲を払ってもキープすべき優秀な社員ですか？

あなたは自分の現実的な価値をどう見ていますか？　自分がいくら給料をもらっているかは分

かっていますが、なぜ会社がそれだけの給料をあなたに払っているのか、会社の経済的な利益の点から説明しなければなりません。もし、フリーランスとして契約する場合の日給を教えてくれと言われたら、あなたは何と答えますか？

エクササイズ **転職市場における私の価値**

以下のことは、あなたの現在の雇用状況を表していますか？　それぞれ、「はい」または「いいえ」で答えてください。

1　もし私が退職したら、雇用主はすぐに私のポジションを埋めなければならないだろう。
2　私と同じスキルを持った人材を見つけるためには、専門機関によるお金のかかる調査をする必要がある。
3　もし私が退職したら、たぶん会社は短期間のうちにかなりの収益を失うだろう。
4　私の適性や能力、成果、仕事の経歴からすると、私の立場はかなり安泰だ。
5　私が毎日付き合っている人たちは、重要な顧客や業者だ。彼らとの関係を築き上げるのには長い時間がかかった。

6　私は職場でリーダー的な存在だと思われている。同僚たちに、この分野での意欲的な成長を意識させ続けている。

7　もし今リストラで雇われている人の数を減らさなければならないとしても、君なら大丈夫だと誰かが念を押してくれるだろう。

8　私は業界紙に専門的な意見を求められるような立場だ。

9　私は専門分野に関する会議でスピーチするし、記事を提供したこともある。

10　私は社内教育制度に関して人事部から最高のサポートを受けている。

11　私は社内で特別な職務にあり、会社ではよく他の社員の指導をしている。

12　もし私が望むなら、いずれは会社の最高レベルへの昇進が可能だろう。

13　もし私が望むなら、退職し、再雇用されることができるだろう。そのときは、今している内容の仕事をもっと高い給料で行う契約で。

14　私は、自分と社会的に同等の地位の人の市場価値（フリーランスでの報酬レートに換算して）を承知している。

15　私のネットワークがあれば、フリーランスでも簡単にいい日給を取れるだろう。

16　私は、現在さまざまな顧客の企業に対して行っていることを続けて、コンサルタント業を始められるだろう。

あなたは、何回「はい」と答えましたか？　もちろん、多い方がいいです。雇用主との交渉のためだけでなく、自分の市場価値を認識するという点で、重要な作業です。この質問表は、人材の価値につながっていることが多い「専門性」に着目しています。たとえば、学者、プロの講演家、プロのライターなどです。必ずしも専門性の高さが自動的に市場レートの高さにつながっているわけではありませんが、仕事の安定にはつながるでしょう。

ここで重要なのは、交渉が始まったとき、雇用主があなたの価値を認め交渉の場についてくれるように、あなたのスキルや経験を最大限に活用するということです。ただし、たとえあなたが自分の価値に自信を持っていても、交渉には「イエス」と「ノー」、二通りの進み方があります。もしあなたが非常に価値のある人なら、雇用主は可能な限りあなたとの交渉の時間をとってくれるでしょう。交渉は、次の段階へと進みます。

ノーという返事があなたの士気にもたらす不都合な影響

もし彼らが「ノー」と言ったら、あなたはどうしますか？　それを受け入れ、引き下がりますか？　それとも、第二の提案をしますか？　良い雇用主であれば、あなたがひどい扱いを受けたと感じていないか、退職を考えていないかということを確かめたいと思うでしょう。では、あなたの〈しあわせプラン〉は、どう言っていますか？　あなたが今の仕事を楽しんでいることに注目し、近い将来、新しい申し出や提案を持って、再び交渉の場に戻ってくるように言っているのではありませんか？

前例を作る可能性：これはあなた一人のための特例か、それとも全社員に水門を開けることになるのか？

他の従業員への影響、これは最も重要な問題です。あなたが週四日勤務を認められると、他の人たちの仕事量が増えるかもしれませんし、彼らには、自分たちの方が不利な労働条件に置かれているという感覚が残るでしょう。

これは、あなたの力でどうにかできることではありません。でも、彼らの考えを承知しておく必要はあります。

この問題は、小さな組織の方が解決しやすいでしょう。グローバルな多国籍企業では、一つの決定が深刻な反響を引き起こしかねません。とはいえ、同じようなケースで用いられた主張を調べ、頭に入れておきましょう。インターネットや業界紙に目を通し、同業他社や関連企業に従業員に週四日勤務を認める規則がないか探してください。雇用主はこのような要求にどう応えるケースが多いのか、知りあいにも聞いてみてください。

給料と利益の話し合い：この要求は、給料を減らすことを前提に労働時間を減らすことを求めるものか？　それとも、週四日勤務の一日の労働時間は、週五日勤務よりも長くすることができるのか？

これは、きわめて重要なことです。あなたの幸せにとって最も重要なものは何ですか？　もし収入を維持しなければならないなら、五日分の労働時間が四日間にぴったり収まることを現実的に証明する必要があります。ですから、雇用主がその質問をする前に、そのことをきっちり確認しておいてください。もし今と同じ給料を保持する必要がないなら、それは確かですか？　そのことをよく考え抜きましたか？

〈しあわせプラン〉では、物事に優先順位を付けることが必要です。あなたの家庭生活の幸せは、時間によるところが大きいのですか？　それとも、財政的な安全からくる安心によるところが大きいのですか？　あなたは、五日分の給料から四日分の給料に減るとどうなるのか、自分の収入の変化を具体的に分かっていますか？

あと、あなた個人の考えがどうであれ、パートナーや他の扶養家族があなたと同じ意見であることを、必ず確かめてください！

世の中の傾向や、良い雇用主としてとるべき正しい行動を意識すること

被用者であるあなたにとって、これは好都合です。父親の育児休暇、長期休暇、研究休暇を認める雇用主も多く、もし業績に不利益な影響がないなら週四日勤務にするという取り決めを受け入れる用意のある雇用主が増えていることは確かです。ですから、幸せな職場とは、やる気のある被用者の集団であることを示す証拠を持って、話し合いの場に臨んでください。そして、あなたの用意したデータを雇用主にぜひ示してください。

財政的なコントロール：〈しあわせプラン〉

「出て行くぶん以上にお金を稼ぎたい。経済的な余裕がほしい。家計を管理するには、どうしたらいいのだろうか？」

前に、「享楽的な順応」についてお話ししましたね。それは、私たちがすぐに新しい物に慣れてしまい、さらに新しい物を求めることを表す言葉です。どんなプランも、これを忘れてはなりません。そして、これには、考えなければならない三つの側面があります。

1　あなたがすでに手に入れたものに目を向けてください。そして、すでにある幸せに感謝してください。それらはまだ保証期間中であり、カードの支払いだって終わっていないのです。

2　その「新しいマストアイテム（必需品）」があなたの人生に何を与えるのか、自分によく尋ねてみてください。なぜ、あなたはそれを手に入れたいのですか？　たとえば、あなたが田舎で隠退生活をしたいと思っているとします。それは何のためですか？　自然の中でもっと多くの時間を過ごしたいからだというなら、昼休みに近くの公園を散歩することでもいいのではありませんか？　結局、田舎で隠退生活をするための別荘は必要ないかもしれません。

3　財政的なコントロールは、あなたの〈隙間〉の声、すなわち「XあるいはYを所有していなければ、自分はだめな人間だ」という内なる声につながっていませんか？

最後の3に関してですが、ここでは、あらためてもっとお金を稼ぐ方法について話すつもりはありません。それは、週四日勤務にする交渉をするにはどうしたらいいかについての話でカバーされていると思うからです。あなたの財政的なコントロールが、銀行、上司、クレジットカード会社といった外部のものにコントロールされているのではなく、あなたの内にある考えや振る舞いによってコントロールされているということが重要です。

では、最初の1と2について考えてみましょう。

1　新しいものを手に入れる前に、すでに手に入れたものに目を向けてください。

新しいものが古いものよりもいいというのは、まったく馬鹿げた考えです。ほんとうにスマートな人たちは、皆それを知っています。新しいのはしばらくのあいだだけ、興奮（幸福感）は一時的なものだと分かっても、まだそんなに熱心に新しいものを求めますか？　早く手に入れよう早く消費しようと急いでいることで、喜びの期間がますます短くなっているのに。

私は、一年前に携帯電話を買いました。この一年のあいだに五機種もの新製品が発売され、ケーブルやメモリーカードの仕様も変わり、電話本体を買い換える場合には、すべてを新しく買いなおさなければならなくなりました。もちろん、今すぐ携帯電話をアップグレードし、すべての新しいカード、新しいケーブルを買うこともできるでしょう。でも私は、この充分に機能的な携帯電話をそのまま持っておくこともできます。古い携帯電話を持っていることは、時代遅れだというのは分かっています。でも、私はこの二〇〇八年モデルをあえて二〇〇九年まで持っていようと思います。どうぞ、おかしなやつだと笑ってください。

2 「新しいマストアイテム」が自分の人生に何を与えてくれるか、自分に尋ねてみてください。新しい物を買う意味は何ですか？

あなたは本当にまた新しい何かを買うつもりですか？　あらゆる幸せがすぐそこにあり、手を伸ばせばすぐに手に入るというのに。次にご紹介するのは、後で幸せになるのではなく、「いま」

幸せになることを選んだ人の話です。

『メキシコの漁師の話』

アメリカのある銀行家が、メキシコの小さな沿岸の村の波止場にいました。すると、一人の漁師を乗せた小さなボートが波止場に着きました。小さなボートには、大きな魚が数尾乗っていました。

アメリカ人は、「良い魚だ」とほめました。そして、それだけの魚をつかまえるのにどれくらいの時間がかかったのかと尋ねました。メキシコ人は答えました。「ほんの少しの時間だよ」

アメリカ人は尋ねました。「どうしてもっと長くそこにとどまって、もっと魚を捕まえないいんだい?」

するとメキシコ人は、自分の家族に今日必要な分はもう手に入れたのだと言いました。

アメリカ人は尋ねました。「でも、余った時間は何をするんだい?」メキシコ人漁師は答えました。「俺は毎朝遅くまで寝て、少しだけ漁をし、子どもたちと遊び、妻のマリアと昼寝をし、夜は村の中をぶらついてワインをちびちび飲み、仲間とギターを弾いて歌うんだ。俺はとても充実した忙しい人生を送っているよ」

アメリカ人は、馬鹿にしたように笑いました。「僕はハーバード出身のＭＢＡ（経営学修士）だ。君を助けてやろう。君はもっと多くの時間を漁に費やすべきだ。そしてその売上で、もっと大きな船を買え。そうしたら、またその売上で、君はいくつかの船を買うことができるだろう。そのうち、君は漁船団を持てるようになる。自分の漁獲を仲買人に売るのはやめて、直接、加工業者に売るんだ。そのうち、自分の缶詰工場を持てるだろう。君は製造、加工、配送の管理をする。この小さな沿岸の漁村を離れ、メキシコシティ、ひいてはロサンゼルス、そのうちニューヨークに引っ越す日が来るだろう。そこで自分の大企業を経営するんだ」

メキシコ人漁師は尋ねました。「でも、そこまでするのにどれくらいの時間がかかるんだい？」アメリカ人は答えました。「一五年から二〇年てとこかな」

「でも、それからどうするんだい？」メキシコ人が尋ねました。

アメリカ人は笑って言いました。「そこが最高の部分だよ。適当な時期が来たら、君は株式の上場を発表し、君の会社の株を一般に売り出し、すごいお金持ちになる。百万ドルだって稼げるさ！」「百万ドル……それからどうするんだい？」

アメリカ人は言いました。「それから君は、優雅な引退生活を送るのさ！　故郷である小さな村へ帰り、毎朝遅くまで寝て、少しだけ漁をし、子どもたちと遊び、妻と昼寝をし、夜は村の中をぶらついてワインを飲み、仲間とギターを弾いて歌うんだ！」

最終的な考え：幸せはいつもシンプル

いかがでしたか？　私は、この話が実に気に入りました。数年前、あまりにも忙しく、ストレスに満ちた生活をしていたとき、この話は私に考える力を与えてくれました。これは、〈しあわせプラン〉の本質を教えてくれる良い話だと思います。

幸せは複雑なものではない。

幸せとは、ぜいたくをすることではありません。珍奇なものでも、高価なものでも、得がたいものでもありません。幸せになり、人生を楽しむことは、一生懸命働くことと同じように、私たち人間のDNAに組み込まれていることなのです。それなのに、どれくらいの人が「夜は村の中をぶらついてワインをちびちび飲み、仲間とギターを弾いて歌って」いるでしょう？

ここで、簡単なことをやってみてください。自分の人生でうまくいっていることは何かをじっくり考え、そのうちの一つに注目し、あたたかい気持ちになる。そして、今晩何か楽しいことをする計画を立てる。

あるいは、反対のことをして、気分を悪くすることもできます。

世の中は厳しく、あなたのような人間に成功のチャンスはまったくないということを、自分にじっくり思い出させる。苦い後悔にひたるのに、もっと時間を使う。

あなたはどんな選択をしますか？

幸せは売り物でもなければ、必ず訪れるものでもない。

もっと多くの物を手に入れようと思えば、手に入れることができるでしょう。でも、それほど気分は良くなりません。幸せとは、ポジティブな気持ちのことなのです。これを買うことはできません。それなのに、お金があれば、幸せになれると思っている人が大勢います。もう一度言いますが、それは絶対にできません。

幸せはまた、求めればすぐにやってくるものでもありません。休日や誕生日に幸せが現れないと、だまされたような気持ちになりますか？　でも、そういう特別な日でさえ、必ずしも幸せが訪れるとは限らないのです（もしあなたの誕生日に〈幸せ〉がたくさんあったなら、そのときは本当に誕生日おめでとう！）。

幸せとは感じることであって、考えることではない。

ですから、もっと幸せになろうと頭を働かせるというのは見当違いなのです。パソコンに抱擁を求めるようなものです。それはそんなにいい気分ではありません。

ともかく、幸せとは、今この場で感じるものです。

あなたが幸せになることが、今後の予定として書き込まれていなくてはならないということではありません。あなたが幸せになろうと決心したなら、それは今、幸せになるということなのです。すべては今あるがままでいいのです。幸せになるタイミングが、あなたのキャリアがアップしたときであったり、銀行の預金残高がいくらになったときであったり、持ち家の価値が上がったときであったりする必要はありません。あなたが幸せになるためには、他人の承認もお金もいりません。高潔な人間である必要もありません。ただ、〈幸せのもと〉を楽しむ充分な時間があればいいのです。

家族や恋人との良い関係、充実した仕事、自分の創造力や表現力を発揮する時間などが、〈幸せのもと〉になります。スポーツ、旅行、休息、睡眠、音楽を聴くなどの時間も、〈幸せのもと〉になります。あなたが「働くために生きている人間」であっても、「生きるために働いている人間」であっても、自分の〈幸せのもと〉を楽しむ時間が必要なのです。あなたの〈幸せのもと〉は何でしたか？　もう一度確認しましょう。

・仕事で私を幸せにするのは何か？
・家ではどんなときに幸せを感じるか？
・職場で私が最も幸せを感じるのはいつか？
・将来私を幸せにするのは何か？

あなたの〈しあわせプラン〉は、あなたが今週中にできるだけ幸せになると決意をすることから始まります。人生における最高のものはお金で買えるものではないということはすでに言いましたが、では、あなたは次のうち、どちらを望みますか？

a　将来の幸せを約束する完璧な理論（ただし、幸せにふさわしいあなたになるまで、その幸せは保留されている）。

b　今週のある日、帰り道に少し歩き、日没に太陽が金色に輝くのを見ること。

どうかシンプルに考えてください。そして〈ABCアプローチ〉から始めましょう。幸せの入る場所を広げ、幸せになれることをやり始め、それを続けるのです。

あなたは、自分の幸せのコーチです。日々の〈しあわせプラン〉を設計するやり方を一番よく知っている人なのです。自分の価値、自分の夢、自分の個性に正直になることが、常に簡単であるとは限りません。特に、あまりにも多くの選択肢があって、目移りしてしまう場合はそうです。だからこそ、私のアドバイスは、それをシンプルにしておくことなのです。

あなたが最も幸せなのは、どんなときですか？

最初のエクササイズで書いたことを思い出してください。あなたが今日やり始めるのがそれであること、また、それを毎日続けられることを祈っています。

ここまで丁寧に読んでくださって、ありがとうございました。あなたがご自分の〈しあわせプラン〉で成功することを願っています！

**人は、幸せを生み出すような行為を
常としなければならない。
もしそういうものがあれば、
私たちはすべてを持っていることになるし、
もしそれがなければ、それを手に入れるために
あらゆることをするからだ。**

——エピクロス（古代ギリシャの哲学者）

Step 07

あなたの計画《プラン》を実行《アクション》に移す

エクササイズとクイズの一覧

本書をお読みいただき、ありがとうございました。

本書で行ったエクササイズとクイズの一覧と、掲載ページを、ここでまとめてご紹介します。

たとえば、あなたが一週間の〈しあわせプラン〉を立てたいと思ったとき、きっとこの一覧がお役に立つことでしょう。

エクササイズ

クイズ

◇著者◇
カーメル・マッコーネル（Carmel McConnell）
イギリス在住。経営学修士（ＭＢＡ）。社会起業家。
2001 年に、子どものための慈善団体「マジック・ブレックファスト」を設立し、毎朝1000 人もの子どもたちに栄養バランスのとれた朝食を無料で提供している。その活動が評価され、2005 年、『ガーディアン』紙の「最も優れた慈善事業」に選ばれた。また、2002 年には「マジック・アウトカムズ」を設立して、ビジネスマンを対象とした、リーダーシップや組織力アップのためのプログラムを提供。その収益はすべて「マジック・ブレックファスト」に寄付されている。その功績が認められ、「マジック・アウトカムズ」は、2005 年の「キャロライン・ウォーカー財団 社会的企業賞」を受賞。
http://www.magicbreakfast.com
http://www.magicoutcomes.com

◇訳者◇
桑野和代（くわの・かずよ）
1966 年、東京都生まれ。上智大学外国語学部卒業。英会話学習雑誌の編集、国内大手企業の資料翻訳を経て、翻訳家に。訳書に『直観力レッスン』『運命力レッスン』（ハート出版）がある。

幸福力レッスン

平成 22 年 11 月 25 日　　第1刷発行

著　者　　カーメル・マッコーネル
訳　者　　桑野和代
装　幀　　小島トシノブ
発行者　　日高裕明
発　行　　株式会社 ハート出版
〒 171-0014 東京都豊島区池袋 3-9-23
TEL03-3590-6077　FAX03-3590-6078
ハート出版ホームページ　http://www.810.co.jp

乱丁、落丁はお取り替えします。その他お気づきの点がございましたら、お知らせください。

Printed in Japan　ISBN978-4-89295-678-2
印刷・製本 中央精版印刷株式会社